U0660023

且以优雅过一生

杨绛传

桑妮 / 著

cnS PUBLISHING & MEDIA 中南出版传媒
湖南文艺出版社 HUNAN LITERATURE AND ART PUBLISHING HOUSE
博集天卷 CS-BOOKY

且以优雅过一生

杨绛传

自她之后，世上再无人能担得起『最贤的妻，最才的女』这一盛誉。

于时光的荒野里，她始终如兰芷，如清水，在这纷繁的尘世里寂静欢喜。

她就这样行走于人间，一路温暖，一路微笑，一路获取感动。在生命的坎坷和摇曳中，在浮华的岁月和寂静的流年里，始终保持着应有的沉静和稳妥。

真正的平静，来自内心。若是一颗躁动的心，无论幽居于深山，还是隐没在古刹，都无法真正获得安静。

我们曾如此渴望命运的波澜，到最后才发现：人生最曼妙的风景，竟是内心的淡定与从容。

在岁月的风华里，心不能是招摇的枝丫，而应是静默的根系，深埋于地下，不为尘世的一切所动，只求自身的简单和丰盈。

目录

倾谈三

与君初识，犹如故人

倾谈四

执子之手，与子偕老

笑对浮生，跋涉人间

人淡如菊，安之若素

杨绛传

且以优雅过一生

序

不宠无惊的一生

“不乱于心，不困于情。不畏将来，不念过往。如此，安好！”——杨绛先生将丰子恺这锦言妙语给参透凿凿。

于时光的荒野里，她始终如兰芷，如清水，在这纷繁的尘世里寂静欢喜。

她虽生于乱世，却自始至终怀有一颗与世无争之心。外界给了她颇多赞誉——坚忍、从容、睿智、宁静……但这些于她不过浮华如花，开过即谢，她并不曾为此动容，也不曾改变过一分一毫。她始终还是那个如深谷幽兰般的女子，在岁月里温婉如初。

这个生于江南书香世家的女子，身上有着水乡女子的温柔婉约，却又蕴藏着北方女子的傲骨。婉约和傲骨，在她的身上完美地融为一体，仗义的律师父亲给予她最大的成长空间，也为她以身作则，教会她什么是“刚正不阿”；贤惠的母亲，则以中国传统女性的柔软，教会她什么是“包容忍让”。

或许，正是这样，她在尝尽了人生百味之后，依然可以淡泊从容地度过一生。她曾说：“一个人经过不同程度的锻炼，就获得不同程度的修养、不同程度的效益。好比香料，捣得愈碎，磨得愈细，香得愈浓烈。”也正如有人所说：“我们曾如此渴望命运的波澜，到最后才发现：人生最曼妙的风景，竟是内心的淡定与从容……我们曾如此期盼外界的认可，到最后才知道：世界是自己的，与他人毫无关系。”

从某种意义上来说，大彻大悟的超脱便是如此吧。

百年岁月，在苍茫的历史洪流中不过是弹指一挥间，然而在一个人的身上却是一段至为漫长的时光。从出生到去世，她跨越了一个多世纪，跨过了105年，但岁月的风尘未曾真正侵蚀过她的风华。多年前，她深爱的也同样深爱她的男子钱锺书曾给予她一个至高的评价："最贤的妻，最才的女。"

诚如斯言，在她之后，世间或许再没有谁可以当得了这一赞誉。

唯有她，在喧嚣躁动的时代里，依然给人一剂温润慰藉，让人看到活着真有希望、活着真美好的女子，才可担当得起。在她的身上，你会忘掉时间的残酷：一百多年的漫长岁月，在她荣辱悲欢的绝代风华里锻造出她柔韧、淡泊、独立的人格魅力，给人以力量和温暖。

在与钱锺书的爱情里，她虽然满腹诗书，却甘于做锺书背后的女人，于舍得里褪去光华，为丈夫默默撑起一片晴好的天空。从不谙世事到操持家务的能手，她用包容和爱点亮了家的灯。在学识上，她也从未怠惰过，而是始终保持谦虚自省，自小饱读诗书，自觉接受新思想、求学……对知识的追求，她的脚步从未曾停止过，即使在动荡的岁月，她也还是孜孜不倦地学习。知识，是女子们的生活之利器，可以用来获得独立思考的勇气和能力，抑或知识分子才有的那份骨气。一如杨绛先生这般，在经历人世坎坷后，可用知识分子的特有骨气为人生刻下隽永的痕迹。

她的文章，一如她这个人，淡泊、素雅、聪慧、婉转。她总是顺其自然，绝不刻意矫揉造作，却在自然的笔调里又蕴藏无穷的力量。

曾读过杨绛先生写于《人生感言》中的一段话："上苍不会让所有幸福集中到某个人身上，得到爱情未必拥有金钱；拥有金钱未必得到快乐；得到快乐未必拥有健康；拥有健康未必一切都会如愿以偿。保持知足常乐的心态才是淬炼心智、净化心灵的最佳途径。"

寥寥字句里，道尽了杨绛先生参透世事的智慧。

这也是女儿钱瑗、丈夫钱锺书相继离世后，她写下的句子，读罢让人落泪的同时，也让人看到她身上除了光芒闪烁，也深藏着这世间最难以承受的疼痛。

不过，睿智如她，坚忍如她，顽强也如她。她洞悉世态，深知这"世间好物不坚牢，彩云易散琉璃脆"[①]。于是，在悲伤里，她愈发坚强了起来。既然已经发生，那么好的、坏的，都要去接受它，并驾驭它。她从来不会放弃生活，更不会荒废时光。

---

① 出自杨绛《我们仨》，生活·读书·新知三联书店，2003年版。

所以，无论曾经的岁月怎么艰难，人生怎样跌宕起伏，她都坚强坦然地走了过来。荣光也好，屈辱也罢，不过全然是过眼云烟。她懂得，这世间最奢侈的幸福与金钱、名利无关。

就那样，她缓缓地走过岁月，走在人生边上，始终明媚从容。欢乐也好，悲伤也罢，都成了她“人生客栈”的过客。这之后，即便一个人踽踽独行，也仍然怀念着曾经“我们仨”在一起的岁月。她仍然坚守着最初的信念，一个人整理尘封的记忆，一个人简单规律地生活着，笔耕不辍，深居简出。所有的美誉，没有在她心头激起一丝涟漪，她只守着心中的一方乐土、一室书香，不卑不亢地过着自己的生活。

人生纷繁复杂，拥有过便无憾这一生。

我们应因这世间有她这样一个人而庆幸。毕竟这世上可以活得不宠无惊的人不多，女子更少。

杨绛先生已离去，然而，她那高贵而有香气的灵魂始终长存人间，永远用内心的坚忍和优雅给人以温暖，给人以力量。

人生最是难描，犹如桃花难画一般。人世浮光掠影，最是千头万绪，无论写人还是山河岁月，都难写得静好、有条不紊。

写杨绛先生，更是需要勇气，不但难描，而且更难的是如何将先生的大美展现得恰到好处。多了显繁，少了显失，或许随心随笔最好，不拘所谓章法、理法，只随心性感知，才能将先生完美呈现。

穿过时光的荒野，她于浮光掠影里，娴静安好。

她经历的百年往事，都成了和煦的春风，带着暖意融入人们的心田。世人纷纷感叹，世间曾有她这样一个人，真好。

敬畏也好，虔诚也罢，我们都可以追随她走过的光影，来感知生命的静美。

倾谈一

世间最美，属她一人

家世

民国的才女，家世多“显赫”。比如张爱玲，比如陆小曼，比如庐隐、冰心，等等，她们或出身名门，或出身书香世家，且皆为名媛、千金。杨绛先生也是如此。

她的故乡，在江苏无锡，当年的杨氏家族世居于此，虽不是权贵，却因世代皆为知识分子而“显赫”于那片富庶文明之地。不过，杨绛本人则谦逊地说，这样的家世算是“寒素人家”。

自她的曾祖父、祖父时期起，他们无外乎书生、穷官而已，既不是权贵，也没有赫赫声名。然而，他们个个秉性耿直，又酷爱读书。如果让我说，这样的书香世家，最能使一个女孩成长为内心明朗、安然若素的女子。更何况，无锡这座城素来人文荟萃、英才辈出。

杨绛的父亲杨荫杭是当时十分著名的律师，以刚正不阿扬名于世。

晚年时，杨绛曾专门撰写过《回忆我的父亲》，从文字中可以看到杨荫杭令人钦佩的一面——坚持司法独立、不畏强权。

溯源而看，的确如此。

1895年，杨荫杭考入北洋大学堂（当年的“天津中西学堂”，也是北洋大学、天津大学的前身）。只是学习十分努力的他，却未能顺利毕业，还被学校除了名。

如此结果，源于一场学生风潮。

这场学生风潮起因于伙食。那时，洋人出来镇压，将带头的一个广东学生开除以示威力，并威胁大家，谁跟着闹风潮就开除谁。一伙人便真的被吓住了，没人敢作声。当时，杨荫杭并没有参与。然而看着一伙人都缩着脑袋的屃样子，他顿时火了，于是说道，还有他。就这样，他跟那个广东学生一起被开除了。

结局虽然糟糕，却足见杨荫杭刚正耿介之性情。

为了继续学业，他考入上海南洋公学。这所公费学校由著名的政治家、企业家和慈善家盛宣怀一手创办，正是这所学校给了杨荫杭崭新的见识。在这所学校学习了两年之后，适逢南洋公学挑出六名学生赴日留学，他成为其中幸运的一员。

一开始语言不通，导致交流出现很大问题，但这并没有难倒杨荫杭。他先到日本文部省特设的日华学校补习语言，很快就考入早稻田大学（当年的“东京专门学校”）学习。

在这里，他开拓了视野。1900年春，他和留日学生一起组建了励志会。同年下半年，他和杨廷栋、雷奋等人一起创办了《译书汇编》杂志，专门翻译刊登欧美政法领域的名著，比如法国思想家孟德斯鸠的《万法精义》、卢梭的《民约论》、英国学者穆勒的《自由原论》（今译《论自由》）等书。

作为当年留日学生自办的第一份杂志，《译书汇编》所刊登的作品的译笔皆清丽、流畅、优美，对推动当时青年思想的进步影响极大，因而在海内外学生中风行一时。

1901年夏，杨荫杭于暑假回国探亲期间，在无锡老家创办了励志学会。

1902年，杨荫杭从日本早稻田大学本科毕业。回国后，他被派往北京译书馆从事编译工作。后因译书馆经费出现短缺问题而停办，他不得已回到家乡无锡。

这次回来，他得以和留日同学蔡文森、顾树屏组织“理化研究会”，并且专门聘请了一位日本教师讲授自然科学。

曾经的游历和开阔的眼界，使得他产生了新的认识和想法，他对当时的中国更生出了革命的梦想。虽然工作繁忙，但他还兼职了《时事新报》《苏报》的编辑和撰稿人，并在中国公学、澄衷学校、务本女校等校授课。

他是想借文字的力量来实现自己的人生梦想。只可惜，当年的社会大背景将他这个梦想击得粉碎。

杨荫杭积极从事反清革命活动，终于触犯了当时顽固的保守派，招致他们的仇恨和追捕。后来，关于这段往事，杨绛在回忆里有所提及：

> 听说他暑假回无锡，在俟实中学公开鼓吹革命，又拒绝对祠堂里的祖先叩头，同族某某等曾要驱逐他出族。我记得父亲笑着讲无锡乡绅——驻意大利钦差许珏曾愤然说："此人（指我父亲）该枪毙。"反正他的"革命邪说"招致清廷通缉，于是他筹借了一笔款子（一半由我外祖父借助），1906年初再度出国留学。[①]

再度出国留学的杨荫杭，先是进入曾待过的日本早稻田大学研究科，因该校本科不授学位，所以后来他又通过论文获得法学学士学位。毕业后，他便去了美国。

在美国，杨荫杭就读的是宾夕法尼亚大学。

① 出自杨绛《回忆我的父亲》一文。

关于这些，无论是学位还是论文，杨荫杭都未曾向杨绛提及过。只是在一次偶然中，杨绛在家中发现了一张父亲在宾夕法尼亚大学于1909—1910年的注册证。后来，还是钱锺书告诉她有这回事，这件事情才得以验证："爸爸的硕士论文收入宾夕法尼亚大学法学丛书第一辑，书名是《日本商法》（*Commercial Code of Japan*）。"

曾经，杨绛为此还专门写信给美国的友人——宾夕法尼亚大学的李又安教授，托她帮忙找下《日本商法》这本书。果不其然，李又安教授在法学图书馆很快就找见了那本书，还专门复印了封面及几页内文寄给杨绛。

再次出国四年多的父亲，在西方的文化思想熏陶下，渐渐地减弱了之前对革命的"激烈"而冷静下来。他已不再为了革命付诸言语和行动，偶尔会跟母亲挖苦一下当年自称"廉洁政府"的政府。他也跟杨绛提及过"革命派"和"立宪派"的得失。只是，他已彻底失望，也放弃了个人的革命，他说一切皆是"改朝换代，换汤不换药"。

这样的父亲，给予了杨绛一颗清朗之心，使得她明白，尘世得失在所难免，个人毕竟渺小，付诸力量即可。

那个年代，婚约都有媒妁之言。杨绛的父亲杨荫杭和母亲唐须嫈便是经由媒妁之言而结为夫妻。他们订婚极早，两人当时都不过12岁。

关于唐须嫈的资料很少。能获知的是，唐须嫈也是无锡人，生于1878年，与杨荫杭同龄，于1898年嫁给杨荫杭。唐须嫈是一个贤良淑德的女子，身上凝聚着的都是中国女性的传统美德。

她曾就读于上海著名的女子中学务本女中，于当时是少有的知识女性，长得美，做事也稳妥，性情还好。

大凡优秀的女性，最为难得的品质就是内敛，唐须嫈将这一特点体现得淋漓尽致。她与杨荫杭结婚后，就此洗手做羹汤，从不愿抛头露面，甘愿做贤良的妻子、睿智的母亲，安静地相夫教子、料理家务。

在杨绛的记忆里，母亲很喜欢看书。母亲看《缀白裘》，看到高兴处还会开心地笑。

在文学上，唐须嫈很有造诣。某天，她看了苏梅的《棘心》，忍不住跟杨绛讨论："这个人也学着苏雪林《绿天》的调儿？"当时，《绿天》作者用的是笔名，其实苏梅就是苏雪林，唐须嫈却可以在文中读出一股独特的韵调。还有，她在读了冰心的作品后如此评价道：

“她是名牌女作家，但不如谁谁谁……”

如此品位独特、见解不凡的母亲，很是令杨绛钦佩。

在杨绛的记忆里，母亲很有情趣，也多才多艺。这样的母亲，也使日后的杨绛温润如雨丝。

那时，母亲有个每晚记账的习惯，可是总也记不清有些钱是如何花掉的。这时候，父亲就会夺过笔来自己写“糊涂账”而不许她多费心思。账目虽然母亲从来都搞不明白，但是每月寄回无锡大家庭的家用她一辈子都没错过。这对于母亲而言是不容易的。

这样贤惠的母亲和有修养的父亲，成了杨绛记忆中最温暖的部分。

父亲和母亲的感情也很好。他们是举案齐眉、相敬如宾的夫妻典范。杨绛在《回忆我的父亲》一文中，曾如此描述过父母之间令人艳羡的融洽关系：

> 我父母好像老朋友，我们子女从小到大，没听到他们吵过一次架。旧式夫妇不吵架的也常有，不过女方会有委屈闷在心里，夫妇间的共同语言也不多。我父母却无话不谈。他们俩同年，一八九八年结婚。当时我父亲还是学生。从他们的谈话里可以听到父亲学生时代的旧事。他们往往不提名道姓而用诨名，还经常引用典故——典故大多是当时的趣事。不过我们孩子听了不准发

问。“大人说话呢，老小（无锡土话，指小孩子），别插嘴。”他们谈的话真多：过去的，当前的，有关自己的，有关亲戚朋友的，可笑的，可恨的，可气的……他们有时嘲笑，有时感慨，有时自我检讨，有时总结经验。两人一生中长河一般的对话，听来好像阅读拉布吕耶尔的《人性与世态》。他们的话时断时续，我当时听了也不甚经心。我的领会，是由多年不经心的一知半解积累而得。我父亲辞官后做了律师。他把每一件受理的案子都详细向我母亲叙述：为什么事，牵涉什么人，等等。他们俩一起分析，一起议论。那些案件，都可补充《人性与世态》作为生动的例证。

如此和睦、自由、民主、开明的家庭氛围，在那个年代真的难能可贵。

他们从不限制孩子本身的个性，所以他们的儿女都养成了很好的性情，个个出类拔萃。他们的相处方式也成了儿女将来婚姻的榜样。

杨绛自己也说，我们姐妹虽个个都对自己的丈夫很好，但未曾有一个似母亲对父亲那样细致耐心。

有父如此，有母如此，是杨绛的幸运。

童年

1911年7月17日，杨绛出生于北京的一个租来的院子里。此时，杨家已经有了三个孩子。但是，这三个孩子却未曾影响杨绛在家里的地位；相反，家里人都十分宠爱她。

父亲杨荫杭为她取名“杨季康”，家里人叫她“阿季”。她被更多人所熟知的名字“杨绛”实则是她的笔名，只因她用这个笔名署名的作品名扬于世，所以“杨绛”这个名字才在世人的心中更加根深蒂固。

她出生时正值古老的中国发生巨变的一年——辛亥革命的前夕。辛亥革命爆发，结束了封建王朝在中国两千多年的专制统治。

就在北京的这座四合院里，杨绛伴随着这场风云变幻慢慢长大。

她自小就是父亲的心肝宝贝。她出生的那一年，就获得了父亲的无限爱怜。那时，父亲喜欢吃冰激凌，于是买了一只可以自己做冰激凌的桶。她出生的当天，父亲兴致勃勃地做了一桶冰激凌，还刻意给她在小嘴唇上点了一丁点，她小小的嘴巴顿时被冻得发紫，却还在使劲“吧嗒”着嘴巴品尝冰激凌的味道，一副陶醉的娇憨小模样瞬时让父亲不胜喜爱。

于是，她成了父亲的掌上明珠，也成了家中唯一始终在父母身边成长的女儿。

如此的她，不仅深得父亲的喜爱，也深得所有大人的喜欢。

不过，当时正值乱世，无论怎样幸福，都难真正安稳。

他们在北京待了一段时间后，杨荫杭就被调到江苏，任江苏省高等审判厅厅长，后被调任浙江省审判厅厅长。杨绛和母亲便跟着到了杭州。然而时隔不久，杨荫杭因刚正不阿的性子，得罪了当时任省长的屈映光。此人怀恨在心，到袁世凯面前奏了他一本。所幸当时袁世凯的机要秘书张一麟恰好是杨荫杭在北洋公学时的同窗好友，于是在袁世凯面前为杨荫杭说尽好话，极力推荐，才使得杨荫杭逃过一劫。

随后，杨荫杭又被调到了北京。杨绛和母亲等人又随着父亲来到了北京。这一年，杨绛4岁。他们全家租住在北京东城的一座院子里，房东是个踩高底鞋的满族女子。

穿着这种鞋的满族女子，走起路来摇曳生姿，煞是好看。杨绛对其充满了好奇，父亲开玩笑问她长大了要不要穿这种高底鞋，她煞有介事地琢磨了一番后坚定地说："要！"

可见，女子的爱美之心自小就有之，不分年龄大小。

6岁的时候，杨绛就读于辟才胡同女师大附属小学。恰好，她的三姑母杨荫榆在一墙之隔的北京女子高等师范学校任教。

杨绛曾说，她童年的记忆真正开端就是在这里。在《回忆我的姑母》[①]一文中，她这样写道：

> 我还是她所喜欢的孩子呢。我记得有一次我们小学生正在饭堂吃饭，她带了几位来宾进饭堂参观。顿时全饭堂肃然，大家都专心吃饭。我背门而坐，饭碗前面掉了好些米粒儿。三姑母走过，附耳说了我一句，我赶紧把米粒儿拣在嘴里吃了。后来我在家听见三姑母和我父亲形容我们那一群小女孩儿，背后看去都和我相像，一个白脖子，两撅小短辫儿；她们看见我拣吃了米粒儿，一个个都把桌上掉的米粒儿拣来吃了。她讲的时候笑出了细酒窝儿，好像对我们那一群小学生都很喜欢似的。那时候的三姑母还一点不怪僻。

---

① 出自《杨绛作品集》第二卷，中国社会科学出版社，1993年版。

彼时的杨绛冰雪聪明、天真烂漫，非常惹人喜爱。不止姑母喜欢她，女高师的那些学生也很喜欢她。在她放学后，她们时常带着她到大学部玩耍，陪她一起荡秋千；还邀请她参加恳亲会的表演，让她演戏里的花神；运动会上也不忘带着她一起玩耍……

后来，她曾有文章如此写道："演戏借我做'花神'，运动会叫我和大学生一同表演等等，准是看三姑母的面子。那时候她在校内有威信，学生也喜欢她。我决不信小学生里只我一个配做'花神'，只我一个灵活，会钻在大学生身边围绕着她跳绳。"

或许确有这方面的原因，但在后世人看来，抛开她的姑母不论，她的天真无邪、机灵可爱也是一大惹人喜爱的因素。

不过，她也有淘气的时候。刚开始念书时，她是不安分的，喜欢在课堂上捣乱，常常吹一种小绒球，并且吹着吹着还笑了起来。这让老师十分生气，于是刻意为难她，让她站起来回答刚刚课文中的内容，谁知每次她都可以全部准确无误地回答出来。

老师又气又惊，但也没有更好的办法，只好让她继续坐下来听课。

当时年少，天真烂漫，拥有的是大好时光和无尽快乐。

小孩子的快乐来得总是容易，大人的快乐却并非那么轻易获得。这种安稳的生活还没持续多久，就发生了变故。

当年，交通部总长许世英涉嫌贪污，作为京师高等检察长的杨荫杭便传讯了他，同时派遣检察官到其官邸搜查证据。因为证据确凿，杨荫杭便将贪污巨款的总长拘捕扣押了一晚。也就是在那个晚上，杨家的电话被打爆了，全是上级打来的。但杨荫杭一向刚正不阿、铁面无私，即使有高官干预此事，他也不允许任何人保释。

结果，次日，国务会议认定许世英没有犯罪的证据，宣告他无罪，反要追究检察长杨荫杭的责任。许世英随即辞去了交通部总长的职务。然而，杨荫杭却就此被停职停薪了。

本来，杨荫杭的薪水是一家人的经济支柱，这一停薪，家里的生活便没了着落。加之此时还发生了一件令人痛心的事情，更加坚定了杨荫杭回南方的决心。

事情是这样的，由于时局动荡，杨绛的大姐、二姐一直在上海上学，并没有跟着父母一起来到北京。那时，她们也就只有十五六岁的年纪。不幸的是，二姐在学校感染风寒，住进了医院。

得此消息，家里所有人都很焦急，尤其是杨绛的母亲。然而，屋漏偏逢连夜雨，就在杨绛的母亲南下的途中，碰巧赶上了天津发大水，火车的轨道中断了，她不得已只得换乘轮船。

当杨绛的母亲到达上海时，二姐已经病入膏肓，早已看不清母亲的样子了。她只是紧紧地拉着母亲的手大哭，止不住地哭，哭得人心都碎了。最后，上天还是无情地带走了她，留给全家人无法忘却的悲痛。

也正是经历了如此变故，父亲杨荫杭义无反顾地辞官要离开北京。事实上，北方这座森冷的城市给了他太多灰冷的记忆。

那时，杨绛8岁，还在上初小三年级。

回南方的决定是临时的，出乎预料，也十分匆忙。那天，杨绛还在院子里玩耍，这时三姐过来，告诉她咱们要回南方了，杨绛这才意识到生活里的一些异样：平时不大出门的母亲，会常常去一些北京很有名的景点，买很多北京各式的特产；平时忙碌的父亲也突然闲了起来，不去上班，时常和一位好友去山上采标本，一去就是一个星期。

原来，家中这些不寻常的变化下暗涌着的是一次离开。

在去火车站的路上，她偶遇了一个平素不怎么熟络的同学，心里生出了深深的惆怅，恍惚懂得了分别的无奈和伤感。她很想让这位同学帮自己给曾经朝夕相处的同班同学们带去个招呼，说自己要回南方了。可到最后，她也未能开口，或许不诉离愁最好。

那一天，到火车站来给父亲送行的人很多。在那个时局里，人们太不舍得这样一位“清廉的好官”离开。面对如此多送行的人，杨绛只觉自豪，虽不怎么明白为何大家如此拥护父亲，却深感光荣。后来，在过去了60多年之后，她还可以清晰地回顾这一切。

汽笛声响起，火车载着杨家一家老小，开启了南下的旅程。

随着火车的南下，北方的童年岁月成了杨绛心头一幅神秘的画，被深深收藏在心中。

再回首，无数细枝末节纷纷浮现于脑海；再忆起，令人万千动容。

南方

南去的火车，并不能将他们真正带到南方。他们还需要倒轮船。

在天津，他们下了火车，住了一两天客栈才搭乘“新铭”号轮船抵达上海。但轮船也没能抵达终点，他们还需要换乘“拖船”（一种由小火轮拖带的小船，一只火轮船可以拖带一大串小船）才可以回到无锡。

不过，尽管旅途劳顿不堪，一家老小还是很开心，毕竟一家人的团聚和陪伴才是最令人心安的。一路上欢歌不断，长途奔波成了愉快的旅行，孩子们在父亲杨荫杭的逗弄下各种嬉戏，母亲唐须嫈虽被呕吐折磨，望着一家人一片欢愉却也安静地喜悦着。

杨绛和三姐的兴致最高。在海上漂得久了，大家多少都有了晕船的不适，只有她俩兴致极高，还要看海上的日出。她俩早早起来，相伴着看了人生第一次海上日出。

一路颠簸，终于回到了无锡老家。为了让一家老小尽快安定下来，父亲决定不回家中年代久远的老屋，而是新找一处地方安家。他选择的是沙巷的一处宅子。

在这里，他们一家八口团聚在了一起。新租的房子的厨房外面有一座木桥，过了桥就可以到自己家的后门。在这样的院子里站着，不出门便可以看见船来船往，一如住进了风景之中。尽管这个婉约的地方不见北方那种高墙青瓦，然而，这里的小桥流水人家却深深地吸引了杨绛。

这里的一切，都令小小的杨绛感到新奇，尤其是一所叫"大王庙"的小学。这所由"大王庙"改成的学校，是个神奇的存在。这所学校里只有一间教室，教室里双人课桌的摆放也很特别，四五行的样子，并且，全校四个班级全都在这间教室里上课，而当时学校男女学生加起来约有80人。

杨绛和两个弟弟插班进了这所学校。杨绛本来读初小三年级，所以一进来就插入最高班。

这所学校不仅教室少，而且职员也少，只有两个人，一个是校长，一个是姓孙的老师。孙老师剃着光头，学生们在背地里称他为

“孙光头”。学生们都很不喜欢他，因为他常常拿着教鞭，动不动就打学生，几乎所有的学生都挨过他的打。不过，他从不打杨家的小孩，或许觉得他们是“做官”人家的孩子，身份“特殊”，或许是因为杨绛和弟弟们十分乖巧。总之，他们在那个学期没挨过打。

挨过打的学生们对孙老师痛恨至极，于是在一面有个马桶的“女生间”的墙上画了一幅“孙光头”的像，大家常常对着那幅画像叩拜。起初，杨绛还以为是学生们讨好孙老师才这样做的，后来听他们解释，才知是为了要“钝”（“钝”在无锡方言中是叫一个人倒霉的意思）死他。

对于在这所学校的学习生涯，杨绛的记忆很模糊，说读的什么书全忘了。

不过，关于在学校游戏玩乐的情景，她却记得清晰真切。她在一篇文章中如此记载道：

……我和女伴玩“官、打、捉、贼”（北京称为“官、打、巡、美”），我拈阄拈得“贼”，拔脚就跑。女伴以为我疯了，拉住我问我干什么。我急得说：

“我是贼呀！”

“嗨，快别响啊！是贼，怎么嚷出来呢！”

我这个笨“贼”急得直要挣脱身。我说：“我是贼呀！得逃啊！”

她们只好耐心教我：“是贼，就悄悄儿坐着，别让人看出来。”

又有人说：“你要给人捉出来，就得挨打了。”

我告诉她们：“贼得趁早逃跑，要跑得快，不给捉住。”

她们说：“女老小姑则（女孩子家）不兴得‘逃快快’。逃呀、追呀是‘男老小’的事。”

我委屈地问：“女孩子该怎么？”

一个说：“步步太阳”（就是古文的“负暄”，“负”读如“步”）。

一个说：“到‘女生间’去踢踢毽子。”

大庙东庑是“女生间”，里面有个马桶，女生在里面踢毽子。可是我只会跳绳、拍皮球，不会踢毽子，也不喜欢闷在又狭又小的“女生间”里玩。①

如此等等，于那时的杨绛是欢愉，是深刻。

直到后来，她还时常忆及：“我在大王庙上学不过半学期，可是留下的印象却分外生动。直到今天，有时候我还会感到自己仿佛在大

---

① 出自《杨绛作品集》第二卷，中国社会科学出版社，1993年版。

王庙里。”

也是，对于一个人来说，童真时代最为快乐，掺不进任何沙子。

他们一家在新租的房子里，没待多久就出了事。

杨荫杭很喜欢吃“炝虾”，于是在家附近的河里打捞了一些小活虾，简单处理下蘸着酱料直接吃了。家里其他人也都很喜欢食用这种美味。

不久，家人一个个感到不舒服起来。尤其是父亲，病症最为严重。

之前就听说过，这座房子里的前几家住户都得过很重的伤寒，恐怕也是食用了这生鲜的河虾所致。经过简单的治疗，家里其他人都慢慢好了起来，唯独父亲没有好转，或许是吃了过多的缘故。

经历了二小姐丧亡之痛，家里人都开始担心起杨荫杭的病来。

杨荫杭留过洋，对西医极其信任，认为只有西医才能治好自己的病，因而拒绝中医治疗。可是，偌大的无锡当时只有一个西医，并且设备设施皆不齐全，无奈只得先抽了血，取了大便，送往上海化验。

只是，路途遥远不说，确诊也很慢，拿到化验结果时已经过去一周了，却还没有确诊出到底是个什么病。

眼看杨荫杭的身体越来越虚弱，已经连续几个星期高烧不退，神志也有些不清，唐须嫈开始万分着急。一想到之前因伤寒不幸去世的二女儿，她就觉得不能再听任丈夫这样下去了，于是果断地找来了中医。

中医来了之后，一搭脉便说是伤寒，但拒绝给杨荫杭开药，如此，大家心里也都明了：杨荫杭已经到了无法挽救的地步。

顷刻之间，如同天塌了一般，所有人都陷入了惶恐之中。毕竟一家老小都靠着他来养活，如果他不行了，整个家也就垮了。那几天里，很多亲戚都过来看望杨绛的父亲，连夜里都是，家里的灯一直都亮着，人来人往，每个人的脸上都流露出悲痛之色，长吁短叹，似乎要发生一件大事。

年纪尚小的杨绛虽然不知道会发生什么，但是一颗心也跟着悬着，不知如何是好。后来，这段记忆如影随形地伴随着她一生。

唐须嫈真是个坚忍的女子，在大家都觉得杨荫杭奄奄一息只讲胡话的时候，她毅然决然地去请了杨荫杭的老友——有名的中医华实甫先生。她坚信自己的丈夫是不会如此轻易丢下她和一家老小的，于是要求华实甫先生务必开个药方。

华实甫真的开了一个药方给她。为了能让只信西医不信中医的丈夫吃掉这些中药，她专门买来了有胶囊的西药，然后倒空，把中药塞在里面，再重新扣好胶囊，伪装成西药的样子。

她想，如果华实甫先生也救不了丈夫的话，那就认命吧。

皇天不负有心人。吃了华实甫先生给开的药后，杨荫杭的身体竟慢慢地恢复了起来。想来，真是从死神手中过了一遭。

在杨绛的心里，父亲的死里逃生全然是母亲的功劳。若不是母亲的坚持和悉心照料，父亲或许真的会和二姐一样。

也许，就是这样的经历，让杨绛深刻懂得“陪伴是最长情的告白”。在后来的岁月里，无论对父母、家人，还是对丈夫，她都有着深切的关怀，因为在她的心中，有家人的家才叫家。

杨荫杭病愈后，便不愿再在那所房子里租住了。

这时，有亲戚介绍了一处房子，父母带着杨绛一起去看。世间之事真是神奇至极。这所房子里当时住着的不是别人，而是后来成为杨绛丈夫的钱锺书及其家人。在留芳声巷朱氏宅的旧屋里，杨绛第一次到了钱家，只是这一次并没有遇见钱锺书。

虽然如此，那时的他们也算是有了最初的擦肩之缘。

后来，杨绛还曾谈起这桩往事："我记不起那次看见了什么样的房子或遇见了什么人，只记得门口下车的地方很空旷，有两棵大树；很高的白粉墙，粉墙高处有一个个砌着镂空花的方窗洞。锺书说我记忆不错，还补充说，门前有个大照墙，照墙后有一条河从门前流过。"

缘分真是兜兜转转。你在这里，我在这里；你离开，我依然在这里。

成长

在杨荫杭心中，所有孩子都应该接受良好的教育，无论是男孩还是女孩。所以，当大女儿以优异成绩毕业留校当了上海启明女校的老师，说可以带三妹和四妹一起去启明读书时，他便开始慎重地考虑孩子们的就学问题。

他一直认为启明女校的教学质量是最好的，并且管束严厉，能为学生打好中文、外文基础。他还曾经将杨绛的二姑妈、堂姐、大姐、二姐全部送往启明读书。

可是，他有些犹豫。经历了生死离别，他或许更重视在一起，加上杨绛那时年龄还小，又是自己的心头爱，他对杨绛更是不舍。

也是，彼时的杨绛才10岁，若按实足的年龄算的话也就8岁半。对于大杨绛5岁的三女儿，杨荫杭并不担心。

唐须荌对杨绛更是放心不下，杨绛一直在她身边不曾离开过，对她来说是生命。然而，她深知每个孩子都会慢慢长大，用自己的方式；也终会长出翅膀，脱离父母的庇护，学会独自飞翔。

于是，她决定让杨绛自己做出选择。

她为杨绛准备了一个小行李箱，傍晚时分悄悄叫她到房间里领箱子，并再次问她道：“你打定主意了？”

杨绛坚决地回答道：“打定了。”

虽然答得坚定，但毕竟是离乡，无锡到上海的距离对于幼小的她无异于山海难越。当时的无锡还没有电灯，黑乎乎的屋子里，杨绛还是忍不住泪流满面。毕竟，这一去要待到暑假才能回家看望父母。然而，她心里也很清晰明了，去启明读书是父亲的期望。

那里，也会有她的崭新未来。

最初，启明女校叫“女塾”，是当时非常有名的洋学堂。1920年2月，杨绛来到了这里，开始了一段全新的生活。

这里的一切都是新奇的，学堂很大也很宽广，跟大王庙的学校比起来更加壮观。当时，杨绛为在这所学校学习深感自豪，一遍遍地在心里向大王庙小学里的同学们嘀咕着炫耀：“我们的一间英文课堂（学习外语的学生自修室）比整个大王庙小学还大！我们教室前的长走廊好长啊，从东头到西头要经过十几间教室呢！长廊是花瓷砖铺成的。长廊下面是个大花园。教室后面有好大一片空地，有大树，有草地，环抱着这片空地，还有一条很宽的长走廊，直通到‘雨中操场’。空地上还有秋千架，还有跷跷板……我们白天在楼下上课，晚上在楼上睡觉，二层楼上还有三层……”①

这个新奇的世界里，连语言都是新奇的。

那时刚开学，许多老生回校了，于是一片“望望姆姆”（“姆姆，您好！”的意思）声传入杨绛的耳朵。原来，在这里管教学生的是修女，修女被称为“姆姆”。

像杨绛一样新入学的学生们，对姆姆又害怕又觉得亲切，更多了几分好奇。大家都纷纷猜测姆姆们的穿着，好奇姆姆们高高的帽子到底是几个，好奇那么厚的裙子到底是几条。

乖巧聪慧的杨绛，很讨姆姆们的喜欢。

在每年天主教徒上山瞻礼的时候，杨绛这么小的学生本来是不被允许同行的。后来因为她够聪明乖巧，获得了校长的特许。由此，她有幸跟姆姆睡在了一起，并因此知晓了同学们好奇的秘密。

原来，姆姆们戴着的帽子有三层，裙子也是三条，而不是之前她们猜测的那么多。

不同于大王庙学校的启明学校给了杨绛很多快乐，她在这里学到了许多礼数和知识。那时，学校每月放假一天，这个假日叫“月头礼

---

① 出自杨绛2002年3月23日定稿的《我在启明上学》。

拜”，其余的每个星期日，大家就穿上校服，戴上校徽，排成一队一队，由姆姆带领着到郊野或私家花园去游玩；也可以学习绘画——油画、炭画、水彩画，都由受过专业教育的姆姆教导；也可以练习弹钢琴。

这里也自有规矩，每日吃完早饭、午饭、点心、晚饭之后，学生都不准留在课堂里，要到教室楼前或楼后各处游玩散步。吃饭也不准说话，只有逢节日时吃饭才准许说话。

也正是这个开明而有纪律的地方，给予了杨绛自主的信仰。

启明学校作为教会下的教育机构，环境极为干净、纯粹。杨绛在这里被熏陶着，有了满满的仁慈之情怀。她说：“我在启明还是小孩，虽未受洗入教，受到天主教姆姆的爱心感染，小小年纪便懂得‘爱自己，也要爱别人’，就像一首颂歌中唱的‘我要爱人，莫负人家信任深；我要爱人，因为有人关心’。”①

这是启明学校给予杨绛的启明之情怀，有着非凡之效果。

杨绛在启明继续读书，每日都带着强烈的求知欲学习英文和法文，想着“每天要为圣母做一件好事”，领取教会学校里老师给予的“圣餐”，用自己的眼睛看别人见过的东西，于司空见惯中发现美感，以及接触到更多神奇、深邃的书理。

① 出自《文汇报》2011年7月17日《坐在人生的边上——杨绛先生百岁答问》。

于不知不觉之中，她也接受了古老的《圣经》赐予的信仰。

那时，大姐的书桌就在杨绛的旁边。大姐除了上午管她读十遍书外，就不约束她什么。大姐的书桌里满满都是整整齐齐的书，有一本很厚的很新的书放在了杨绛的书桌里。杨绛一个人“自修”时，就拿起来翻看。因为难懂，她只是囫囵吞枣地阅读了大半本，却也觉得很有趣，只是觉得里面的名字很“怪”。“多年后，我的美籍女教师哄我上圣经课，读《旧约全书》，里面的故事，我好像都读过，才知道那本厚书是《旧约全书》的中译本。”

正是这本厚书给了杨绛以后岁月里的信仰以支撑，时常如越过山岭的风一般吹拂她的心灵，使她获得自足。曾经，她在《走到人生边上——自问自答》里如此写道：“一个人在急难中，或困顿苦恼的时候，上帝会去敲他的门，敲他的心扉。他如果开门接纳，上帝就在他心上了，也就是这个人有了信仰。一般人的信心，时有时无，若有若无，或是时过境迁，就淡忘了，或是有求不应，就怀疑了。这是一般人的常态。没经锻炼，信心是不会坚定的。”①

成长的起点，就此有了一定的高度。

杨绛先生一生最本初、最纯粹、最持久的信仰便是读书。读万卷书，自能获万千颜如玉。

---

① 出自《走到人生边上》，商务印书馆，2007年版。

每月的“月头礼拜”，对于小小年纪的杨绛来说，是最难熬的。

这一天，本市的学生会打扮一番，被家长接回家，只有和杨绛一样的外地孩子留在学校，因为路途遥远，回家成了奢望，会因为不能像本市学生那样回家与家人团聚而心生失望，难过。

幸运的是，食堂的姆姆人很好，心地善良，会心思细密地觉察到她们这群回不了家的“小鬼”的失落和难过。于是，会把多余的糖送给她们。只是蜜糖安慰不了思乡的情绪，吃再多也还是想家。

还好，这样的日子没过多久，父亲就来到了上海。那时，父亲应邀到上海申报馆当主笔。

起初她和三姐还不知道，直到有一天，大姐忽然说要带她们去一个地方，还帮她们整理衣服，原来，大姐是带她们去申报馆看望爸爸。

于是，杨绛跟着两个姐姐第一次走出启明学校的走廊，走出校门，乘坐电车到了父亲工作的申报馆。看到大病初愈、十分清瘦的父亲，杨绛的心就受不了了，她紧紧地靠着父亲，拉着父亲的手不放。

父女几人好久不见，相谈甚欢。

后来，父亲还兴致大发，说要请她们去吃大菜。以往，杨绛只知道“吃大菜”在上海话里是“被狠狠训了一顿”的意思，不是真的吃菜。真的去吃大菜她是头一次，心里不免有了慌张之感。她怕自己用不好西餐中的刀叉。知女莫若父的杨荫杭一下就看出了她的小心事，于是安慰她说，别怕，坐在爸爸的对面，看爸爸如何吃，你就如何吃。

很快，他们到了附近的青年会，来到了西餐室，找了一个靠窗的位置坐下。这是杨绛第一次用刀叉吃饭，紧张的她只能学着爸爸吃，结果引起了误会。她不知道原来汤要一口气喝光，所以，她像在吃中餐一样喝几口就放下，然后再喝几口，伺候在旁的服务员几次三番想撤走她面前的汤，但看到她又端起来喝只好作罢。

回去的路上，这成了父亲和两个姐姐的“笑料”。

那一年的金秋时节，他们全家都搬到了上海生活。杨荫杭在任申报馆主笔的同时又重操律师旧业。曾经，在他的人生规划里，只有两种职业是可以做的，一个是医生，一个是律师。做不了医生，那就只好当律师了。

但是，在偌大的鱼龙混杂的上海，做律师的风险很高，若是要依法伸张正义，真是难于上青天。

于是，他决定把家定居在苏州。

他本来反对置办家业，但租赁的房子没办法成立一个事务所。无奈之下，他只好用一大笔人寿保险费买下了一处没有人要的破宅院。拆掉了许多破败不堪的小房子，扩大了后园，添种了一些花草，又修葺了一部分主房，倒也成了一处不错的庭院。

不过，他依然明确地教育他的子女们，说自己的子女没有遗产，自己只教育他们能够自立。他始终秉持一套这样的原则：经营家产是一件耗费精力的事情，容易把自己变成家产的奴隶；对于子女而言，也是有百害而无一利。他常说，某家少爷之所以成了废物，全是因他有笔“家产”害的，让他不思上进，无一技之长。若是没有“家产”的话，或许他还可以有所作为。

除此之外，他也一直教育自己的子女要有“志气”。同时，他还主张自食其力，不能不劳而获。

这样一位父亲，必然会成为子女最佳的人生榜样。

杨荫杭一辈子行事低调，对孩子们的管教也有自己的一套方法。他虽然从来不打骂孩子，但也不会娇宠孩子。无论是男孩还是女孩，在这个家庭里是一律平等的。而且，最难能可贵的是，他还凡事力求能站在他们的角度上来看待问题、解决问题。

杨绛觉得父亲“凝重有威”，也让后来第一次见到他的钱锺书心生几分敬畏。不过，后来接触久了，钱锺书即摸出了其（杨绛的父亲杨荫杭）“望之俨然[①]，接之也温”的性子。

这样的父亲的确让人心生尊敬。有父如此，有母也如此。

---

① 出自孙莲莲《杨绛和她的父亲》。

那时，家里的孩子多，唐须婺整天忙里忙外，不曾有过空暇，而两个姑母则不同，她们自私也自大，家务事是从来不过问也不做的，对此，唐须婺也从不计较。她将一切身外之物都看得很是淡漠，比如，在遇到好的东西时，她也本着别人优先、自己有没有都无所谓的态度。

这样的母亲，在潜移默化之中无形地感染了成长中的杨绛，使得她很小的时候就明白："假如我们对某一件东西非常艳羡，父亲常常也只说一句话：'世界上的好东西多着呢……'意思是：得你自己去争取。也许这又是一项'劳动教育'，可是我觉得更像鼓吹'个人奋斗'。我私下的反应是：'天下的好东西多着呢，你能样样都有吗？'"①

一个孩子若拥有这样一个家庭，成长之中若有如此父母施以教育，真是莫大的幸运。在少年时期，她在父母的熏陶下，在适当的时候适当地学到了最重要的判断力和自控力，也学会了如何与人接触，融入生活。

在岁月的渐渐渲染里，她之心志生出了高山、田野、天地之间的那份坦然自若，始终与世间凡俗保持着超脱的距离。这一点，与大多数人不同。

不得不说，她被万千人所称道的这种淡泊名利之性情，都源于这样的家庭的美好熏陶。

---

① 出自杨绛《将饮茶》，生活·读书·新知三联书店，2010年版。

世间女子，万千绚丽多姿。唯有她一人静好如诗，如花盛放。

关于她，世间太多赞誉，她的才情、容貌、人生际遇都被后世人称道。她的才情斐然，气韵也极美，在时光之中，似深谷幽兰，极娴静，极优美。

她是美人，也是才女。她淡泊宁静、安之若素地静好于光影岁月里，活得极丰盛，极漂亮。她绝对是活得比生得漂亮的标杆。

她在这世间永远知足。在时间的流转里，她走出的每一步都极为丰盈。

读她的过往，会不由得心生“世间女子，独她最好”的意念。而我如此写她，只为将她的美好铺陈世间。

倾谈二

静好时光，盛住无限

父爱

《诗经·白驹》中说：“皎皎白驹，在彼空谷。生刍一束，其人如玉。”

父亲一如《诗经》中描述的如玉之人，他的爱一如大海般深沉宽广。这样的父亲给了杨绛一种坚韧磐石的安全感，无论她走得多远，遇到多少挫折，他始终在杨绛的心中守候着她。

杨荫杭对孩子们的爱是平等的，只不过对灵慧的杨绛多出了那么一些。

杨绛也会讨巧。在小学的时候，每每放学回家做完功课后，她都会亲昵地依偎在父母的身旁，与他们亲近。在父亲的身边尤其多，除非父亲有客，或者有案件需要出庭辩护。

不过，最重要的是她孝顺懂事。

每天早饭过后，她都会亲自给父亲泡上一碗他爱喝的盖碗茶。饭后父亲若吃水果，她便贴心地负责剥皮；若是吃风干栗子、山核桃等干果时，她则负责剥壳。总之，她总是像小鸟般贴心地“服务”着父亲。

杨荫杭闲暇在家时，总是伏案写稿子，书桌上会放着一沓裁得整整齐齐的竹帘纸，这是用来充当稿纸的。杨绛格外懂事，会拣起父亲写秃的长锋羊毫来练字，静静地陪在父亲的身边。

冬天，全家只有父亲的屋里生火炉，火炉过一会儿就需要添煤，杨绛总能恰逢时机去轻轻夹起一块添上，并且一点声音都不会发出，这曾让她的姐姐和弟弟妹妹们佩服不已。

如此乖巧懂事，自然会多深入父亲的心中一些。

那时，父亲喜欢睡午觉，孩子们吃了点心后会离开。有一次，父亲叫住了杨绛，对她说：“其实我喜欢有人陪陪，只是别出声。”由此，可见他对小杨绛的欢心。

所以，那之后，杨绛便成了唯一陪在午休的父亲身边的孩子。她时常安静地在一旁看书，一点声音都不出。

在她成长的路上，父亲给予她的爱最是入心，给予她的人生指引也最入心。

那时，他们定居在苏州，16岁的杨绛已经开始在苏州振华女校读中学。

时值战乱，动荡不堪。北伐的战事不可开交，学生运动也随之如雨后春笋般涌现。平常，学生运动多以游行、示威、静坐或者群众大会的形式来进行。不过，有一次，学生会非要在各校选出一些学生来上街搞宣传，结果杨绛被选上了。

尽管16岁的杨绛很娇小，看上去不过十三四岁的样子，但已经有一番少女韵味了。她很不想参加这样的游行，因为在当时的苏州，时常会有轻薄人欺负女孩子的事情发生，对于一个女生来说，如此抛头露面很危险。于是，她想拒绝。

那时，对于被选上的学生，学校有个规定，就是如果家里不赞成就可以不参加任何对外的活动。能有如此一块挡箭牌，不愿参加游行活动的杨绛便想以此为由拒绝这份差事。

为此，她专门回家跟父亲说起了这件事，问父亲可不可以去学校说家里不赞成自己去游行。没想到，一向疼爱自己的父亲却断然拒绝了。

其实，父亲不是不爱她，而是深爱。他是想让自己的宝贝女儿学会自己处理和面对问题。毕竟社会上凶险的事情太多，帮得了一次，帮不了一世。只有自己学会巧妙地解决一切困难的能力，才可活得容易。

于是，他义正词严地对杨绛说："你不肯，就别去，不用借爸爸来挡。"

杨绛听后，很委屈也很担心，说："不行啊，少数得服从多数呀。"

父亲便回答道："该服从的就服从；你有理，也可以说。去不去由你。"为了给她信心，他还专门为杨绛讲了一次自己的经历。

那时，他当江苏省高等审判厅厅长，张勋闯入了北京。江苏绅士们纷纷联名登报，表示对张勋的拥戴和欢迎。他的一位属下阿谀奉承地擅自把他的名字也列入其中，以为名字见报的话，杨荫杭即便不愿意也没有办法不去。但是，素来坚持己见的他说："唯器与名，不可以假人。"于是，他在报上登了一条大字启事，申明自己没有欢迎张勋。为此，有人批评他不通世故人情，但这并不能改变他固有的真性情。他对自己的观点从来都非常坚持，很少会因别人而改变什么。

讲完自己的故事后，他还郑重地对杨绛说："你知道林肯说的一句话吗？Dare to say no!你敢吗？"

"敢！"听完这些，杨绛便有了勇气。

果然，第二天，杨绛到了学校勇气十足地说："我不去。"

最初，这样的理由被认为"岂有此理"，然而没过几天则成了"很有道理"，因为当时参加上街游行的几个女学生遭到了一些行为不轨的军人的非礼。

在杨绛16岁的年纪里，她已然很拒绝政治沾身了。事实上，终其一生，她对政治都不感兴趣。

耿直的父亲教给她的是面对困难的勇气，是不逃避的果敢。

多年的生活经历，使得他深谙世间没有谁是谁的救世主，所有的困难、挫折只有自己可以战胜，没有谁可以真正将自己救赎。以某某作为挡箭牌或者救世主的话，只是一种逃避的表现。然而，世间任何事，越是逃避，事态越会变得严重，只有真正面对，才能有效解决。

在教育上，父亲的理念也很独特。他的教育理念来自孔子的“大叩则大鸣，小叩则小鸣”。有时，他会教杨绛姐妹们什么“合口呼”“撮口呼”之类，但从不强求她们学习自己的这一套。

他非常尊重孩子们的观点，更习惯于让孩子们顺其自然地成长，而非呆板填鸭式说教或者严厉的教育。

杨绛念高中的时候，一直分不清平仄声。父亲安慰她说，不要紧，到时候自然就会了。果然，没过多久，杨绛真的就四声都能分辨了。有时，杨荫杭晚上还会特意踱过廊前，敲窗考她某某字念什么声。杨绛若念对了，他高兴而笑；杨绛若念错了，他也高兴而笑。

另外，在教育方面，他还有一个很特别的“偏见”。他认为女孩子身体娇柔，不宜过度用功。之所以会有如此“偏见”，全是因为他在美国留学时，见到女同学们因为用功过度伤了身体个个短寿的缘故。

他还常对杨绛说，他们班上有个同学每门功课都考一百分，却是个低能。言下之意，学习分数不重要，重要的是学习的技能及生存的能力。

杨绛虽然聪颖机灵，功课一直不错，却很少考一百分。因此，她从不担心父亲会责备自己高分低能。

正是父亲这种顺其自然的育人方法，培养了杨绛广泛的兴趣和深厚的素养。

杨绛从小就喜欢文学。父亲对此深感欣慰，并大力支持，时常会为杨绛买回一些书来，多半是杨绛最爱的词章、小说。杨绛如果对什么书表示有兴趣，父亲就会亲自把那本书放在她的桌上。不过，如果见她长期不读的话，那本书便会莫名地消失不见——这等于是对杨绛的一种谴责。这样的谴责，于杨绛心里很不是滋味，比骂她打她更让她难受。所以，她渐渐地学到了更多的尊重与承诺的兑现。

低调处事的父亲，无论是学识还是为人，在当时都深受尊敬。

对于父亲，杨绛很是好奇，父亲和自己一般大的时候是什么样子？想了很久之后，她小心而轻声地问了父亲，父亲的回答出乎意料："就是和普通的孩子一样。"

父亲很少带着她们去拜访朋友，只有一次给她们姐妹留下了深刻的印象。那次，父亲的朋友专门开车来接他们一家，这让从来没坐过汽车的杨绛至为难忘。不过，这并不是最令人难忘的，到了父亲的朋友家，她们姐妹才获得了最难忘的记忆。原来，这里富丽堂皇，很是阔气，有穿着体面的仆人，还有绿树成荫的漂亮花园，更有令人羡慕的别致洋房……所有一切，都令她们姐妹感叹不已，以至于回到家还不住地感叹着看到的一切。

就在她们议论纷纷的时候，父亲在一旁听到了，过来淡淡地说了一句："生活程度不能太高的。"

的确，自古就有"饱暖思淫欲"之说，太过富有对于人生未必是好事。

在后来的岁月里，父亲也以这句话为信条，一直过着节俭的生活，不被荣华富贵迷了双眼，他总是严格要求着自己，做一个自己想成为的"好人"；他也希望能以身作则，让孩子们都可以像他一样。毕竟，世上还有很多人吃不饱穿不暖，大肆铺张浪费简直丧尽天良。

许多年后，三里河南沙沟的杨绛家中不见装修，也不见豪华装饰和家具，摆设之简朴令人惊叹，偌大的居室里只能看到书架，满满的书摆放在书架上，给人一种坐拥书城的感觉。纯粹的空间、简朴的生活，这种不尚繁华的作风，不得不说是源于父亲的影响。

其实，在高中时期，她这种淡泊之心就已初露端倪。当时，高中国文老师在班上讲诗，课后便让学生们效仿着作诗。杨绛才思敏捷，一挥而就，其中有一首名叫《斋居书怀》的诗就被校刊选登：“世人皆为利，扰扰如逐鹿。安得遨游此，翛然自脱俗。”

如此高雅超脱的境界出自她这位高中女学生之手，自然会让老师大为钦佩，惊叹不已，于是批阅道：“仙童好静。”

杨绛之所以能如此，大抵归因于她的父亲杨荫杭。他用他的高洁之风，化成满满的爱，给予杨绛以教诲、以温暖，让她自小不仅学到了丰富的知识，而且学会了做人的道理，更形成了良好的心性。

漫漫人生路上，能获得如此珍贵的精神财富，于杨绛，于任何人，都是能受用终生的至宝。

往事

1998年，杨绛曾发表过一篇《记章太炎先生谈掌故》的散文，谈的是自己在苏州上中学时期的一段啼笑皆非的往事：

> 大约是1926年，我上高中一二年级的暑假期间，我校教务长王佩诤先生办了一个“平旦学社”，每星期邀请名人讲学……唯有章太炎先生谈掌故一事，至今记忆犹新……[①]

那时的她，由于灵气聪慧、才情卓绝，被王佩诤先生吩咐去现场

---

① 出自杨绛《记章太炎先生谈掌故·临水人家》，《十月》1998年第2期。

做记录。

当时，她以为记录就是做笔录，所以没有做任何准备就去了，并且因为同去的大姐临行前换衣服换鞋耽误了很多时间，她们还迟到了。当她们抵达章太炎先生讲学的地点——苏州青年会大礼堂时，讲学早已开始了，整个礼堂都挤满了人，不仅没有空位，而且连贴着墙的地方和座位间的空隙里都塞满了小凳子，用“座无虚席”形容毫不为过。

看到如此场景，杨绛正准备找一处人稍微少点的地方挤过去，就被等待多时的会场工作人员给叫了过去。原来，记录人员的位置在台上早已给她留好了。

此时，章太炎先生正站在台上谈他的掌故。杨绛本没想到要上台做记录，如今让她上台，并且还是在她迟到的情况下，她不免心生胆怯和不好意思。当她迟疑着坐上了台上的位置，看着自己的小桌子上的砚台、一沓毛笔纸，还有一支毛笔，更是不知所措。加上因为迟到打扰到章太炎先生的演讲，更是心乱如麻。

那时的她毛笔字写得很不好，用她自己的话说，是“出奇地拙劣”，而她的老师也曾说过她的拿笔姿势像极了拿扫帚的样子。眼看旁边记录席上其他几位师长奋笔疾书，她如坐针毡。但是，不管如何，既来之则安之，父亲多年教诲的淡定从容，今日也算派上了用场。于是，她淡定地磨好墨，拿起笔蘸好，准备开始记录。

然而，更让她崩溃的事情发生了。她突然发现章太炎先生的话，自己竟然一句也听不懂，简直如听天书。

多年后，回忆起这段尴尬至极的往事，她感慨地写道：

> 章太炎先生谈的掌故，不知是什么时候，也不知谈的是何人何事。且别说他那一口杭州官话我听不懂，即使他说的是我家乡话，我也一句不懂。掌故岂是人人能懂的！国文课上老师讲课文上的典故，我若能好好听，就够我学习的了。上课不好好听讲，倒赶来听章太炎先生谈掌故！真是典型的名人崇拜，也该说是无识学子的势利眼吧。

那天，她一再拿起笔又放下。也是，听不懂，如何记录？多年诚实的性情，又无法让她装模作样地乱写。于是，她就那样老老实实地放下笔，只字未记，仅认真听讲起来。

关于那时的情景，多年后，杨绛细碎而平静地写道：

> 我专心一意地听，还是一句不懂。说的是什么人什么事呢？完全不知道。我只好光睁着眼睛看章太炎先生谈——使劲地看，恨不得一眼把他讲的话都看到眼里，这样把他的掌故记住。我挨章太炎先生最近。看，倒是看得仔细，也许可说，全场唯我看得

最清楚。

他个子小小的，穿一件半旧的藕色绸长衫，狭长脸儿。脸色苍白，戴一副老式眼镜，左鼻孔塞着些东西……据说一个人的全神注视会使对方发痒，大概我的全神注视使他脸上痒痒了。他一面讲，一面频频转脸看我。我当时十五六岁，少女打扮，梳一条又粗又短的辫子，穿件淡湖色纱衫，白夏布长裤，白鞋白袜。这么一个十足的中学生，高高地坐在记录席上，呆呆地一字不记，确是个怪东西。

可是我只能那么傻坐着，假装听讲。我只敢看章太炎先生，不敢向台下看。台下的人当然能看见我，想必正在看我。我如坐针毡，却只能安详地坐着不动。1小时足有10小时长。好不容易掌故谈完，办事人员来收了我的白卷，叫我别走，还有个招待会呢……我不知自己算是主人还是客人，趁主人们忙着斟茶待客，我"夹着尾巴逃跑了"。

第二天，苏州的报上便登载了一则新闻，说章太炎先生谈掌故，有个女孩子上台记录，却一字没记。①

这样的事故，被同学们纷纷知道。开学后，国文班上大家还把她出丑的这事儿当笑谈。国文老师马先生更是点着她说："杨季康，你

① 出自《散文》海外版，1998年第4期。

真笨！你不能装样儿写写吗？”

彼时的杨绛唯有服笨。对于此事，她说：“装样儿写写我又没演习过，敢在台上尝试吗！”

诚然，装样子，杨绛一辈子都不曾学会。在时光的绵延穿梭之中，她学会的是诚实，是始终保持着一颗谦虚、诚恳的心面对生活。至于弄虚作假，她始终不会，也不想学会。

正是因为如此，她在自己的散文里才有了诙谐的反馈：“我原是去听讲的，没想到我却是高高地坐在讲台上，看章太炎先生谈掌故。”

写此文的时候，她已然是人人高山仰止的大师了，但她可以放下身段，自曝少年的一段糗事，还如此诚恳真切，实属难得。

时日渐长里，杨绛的中学生涯宣告结束。

1928年夏，杨绛准备报考大学。那时，她心心念念的清华大学开始招收女生，可惜的是不到南方来招生。在一阵心伤里，她只好就近报考了苏州的东吴大学（江苏师范学院、苏州大学的前身）。

学而优的杨绛，在那年秋天顺利地进入了这所大学。她的大学时代就此开启，她的传奇也在这锦瑟年华里开始铺陈开来。

入学时，女生宿舍还没有建好，加之女生也不多，所以学校就将她们安排在一位美国教师的住宅里。这是一座小洋楼，条件在当时已经十分好了。第一年，杨绛被分在四五个人同住一屋的大房间里。第二年的下学期，她被分在一间小些的房间里。尽管这里只能住下两个人，令人高兴的是同住的竟然是她的中学同班好友——淑姐。

相熟的两个人同住一屋，真的是让人心满意足的。

这间本是美国教授家男仆卧室的小房间，屋外风景是静好的，一片花丛密林在窗下，窗户上还有常青藤，枝丫蔓延。房间暗却静谧，别有一番小情趣。房间里，有一张桌子，两个凳子和两张小床。大概因为门框歪了或是门歪了，房间的门关不上，得用力抬才能关上。一旦关上门就更不方便，所以杨绛她们晚上睡觉的时候索性不锁门，只是把门带上，防止它被风吹开。

有优越的住宿条件，有相熟的好友作为室友，也有充满新鲜事物的学习空间，杨绛对这一切感到心满意足。所以，她对什么都保持着一种很高的热情。一向文静的她竟然对体育也产生了浓厚的兴趣，于是加入了女子排球队，在技艺渐长的情况下还参加了比赛。

对于这次比赛，她记忆深刻，过了很多年以后，她还可以清晰地记起那时动人心弦的场景："我们队第一次赛球是和邻校的球队，场地选用我母校的操场。大群男同学跟去助威。母校球场上看赛的都是我的老朋友。轮到我发球。我用尽力气，握着拳头击过一球，大是出人意外。全场欢呼，又是'啦啦'，又是拍手，又是喜笑叫喊，那个球乘着一股子狂喊乱叫的声势，竟威力无穷，砰一下落地不起，我得了一分（当然别想再有第二分）。"①

还真别小看"这一分"，这可是最关键的"一分"。当时她们两队正打了个平局，正是增了杨绛的这"一分"，对方气馁作罢，那场球赛她们队赢了。所以，后来每当她看到电视屏幕上的排球赛时，总会想起自己曾发过的一个球，便忍不住悄悄吹牛道："我也得过一分！"

在东吴大学上了一年学以后，学校就让她们分科了。

杨绛的老师认为杨绛学而优，又不偏科，适合读理科。但杨绛自己不但不这样认为，反而为了选专业大费脑筋。她说："我在融洽而优裕的环境里生长，全不知世事。可是我很严肃认真地考虑自己'该'学什么。所谓'该'，指最有益于人，而我自己就不是白活了一辈子。我知道这个'该'是很夸大的，所以羞于解释。"

① 出自《杨绛作品集》第二卷，中国社会科学出版社，1993年版。

于是，她带着抉择的疑问回家求救去了。

她问父亲："我该学什么？"

父亲回道："没什么该不该，最喜欢什么，就学什么。"

听后，她仍然觉得心里没底："只问自己的喜爱对吗？我喜欢文学，就学文学？爱读小说，就学小说？"

父亲开导她道："喜欢的就是性之所近，就是自己最相宜的。"

就这样，在和父亲有了这一番对话之后，她的心释然了。在老师的一片惋惜声中，她选择了文科。

当时，东吴大学还没有文学系，只有法预科和政治系。起初，她打算选读法预科，好给父亲做帮手，并借此接触一下社会以及各式各样的人，积累足够的经验后可以写小说。然而，父亲虽说让女儿自己选择，却极力反对她学法律。世事凶险，他断然不希望女儿步自己的后尘。太多的无能为力和无可奈何，使得他不忍心看到女儿和自己一样经历一些内心痛苦。

无奈之余，杨绛只好选择了政治系。

不过，尽管杨绛选择了政治系，尽管她还是政治学的高才生，但她一生对政治学毫无兴趣。当时的她只求功课能过得去，便将所有的其他时间都花费在图书馆里，遨游在书海之中了。

东吴大学的图书馆可谓藏书无数，十分可观，中外名著应有尽有。杨绛一向嗜书如命，便在这里如饥似渴地阅读起来，读了海量的书籍。

曾经，有这样一段饶有趣味的对话：

父亲问杨绛："阿季，三天不让你看书，你怎么样？"

"不好过。"杨绛说。

"一星期不让你看书呢？"

"一星期都白过了。"

父亲笑道："我也这样。"

可见，书于杨绛而言是食粮；可见，知女莫若父；可见，女好学如父。

如上，便是杨绛的一些少年往事。

抉择

在东吴大学读到第三年的时候，杨绛的母校振华女校的校长王季玉女士为她申请到了美国韦尔斯利女子学院的奖学金。

对于她，这是一个难得的好机会。

韦尔斯利女子学院是美国最好的女子学院之一，这所只招收女生而不招收男生的特殊高等学府，以致力于培养优秀的女性而闻名于世。诗人冰心、名媛宋美龄都是从这里走出来的优秀女性。

去，还是不去，父母将决定权交给了杨绛自己。

最后，杨绛放弃了这次机会。她一向懂事孝顺，不想给年岁渐长的父亲增加负担。毕竟这次出国深造，学校承担的只是学费，出国的路费和在校期间的生活费都需要自己承担。这是一笔不小的开支。毕竟当时一大家子的开销都压在父亲一个人的肩上，其艰辛她能深刻体会到。

另外，其实她真正想去的地方是清华大学。曾经，因为清华大学招生未能到南方来，她的心中留有太多的遗憾。她想去清华大学读她最爱的专业——文学。

于是，她对父母说自己不想出国留学，只想考取清华研究院攻读文学。

不去留学的抉择，确也是对的。此后不久，她的大弟弟因病去世。这对父母的打击极为沉重。老来丧子，白发人送黑发人的苦痛，让人无以承受。要是那时父母最宠爱的女儿杨绛还不在身边，那苦痛更是难以形容。

子女的陪伴，对于一个家庭而言，比子女多有成就多富有更重要，更令人欣慰。

后来，果真梦想成真，她终于考上了清华研究院。

20世纪初建立的清华大学，其前身是用美国退还的“庚子赔款”余额而创办的一所留美预备学校。初建时名为“清华学堂”，因设立在清朝遗园——清华园而得名。辛亥革命后，清华学堂改名为“清华学校”；1925年，增设大学部；1928年，正式改为国立大学；翌年，开办研究院。

当年，清华大学外文系有教授十余人：王文显、吴宓、朱传霖、陈福田、黄中定、黄学勤、张杰民、楼光来。其中，王文显教授兼任主任。

在这些教授中，不能不提的是王文显教授。

祖籍江苏昆山的王文显教授，1886年出生于英国的一个华侨家庭，从小在英国长大，接受的是纯英国式的教育，获得伦敦大学学士学位。在英国期间，他当过中国驻欧洲财政委员、伦敦《中国报》编辑、英国报界公会会员，回国后就到了清华大学留美预备部任教，开设有“外国戏剧”“戏剧专题研究”“戏剧概要”等课程。

王文显作为著名的戏剧家，在教书的同时，也从事戏剧创作。

国外长大的经历，使他对西洋戏剧的理解颇有造诣，视角独特，感悟颇深。所以，听过他课的人都觉得愉悦。

也正是由于他引入的戏剧课程，及在他的人格魅力的影响下，当年的清华大学涌现出了很多话剧人才，譬如陈铨、石华父、李健吾、曹禺、张骏祥等，杨绛也在其中。大家都是受他的影响才开始接触西洋戏剧，并在以后的岁月里陆续走上了戏剧创作之路。

除了王文显教授，还有一位教授也让杨绛受益匪浅——吴宓。

吴宓（1894—1978），陕西泾阳人。于1911年考入北京清华学校（今清华大学前身）留美预备班。1917年赴美留学，先进入弗吉尼亚大学英文系，一年后转入哈佛大学比较文学系，师从白璧德。1921年回国，任南京东南大学外文系教授。1925年任清华国学研究院主任，教授“翻译术”课程。翌年，任清华大学外文系教授，先后讲授“古代文学史”“西洋文学史分期研究”“中西诗文比较”“诗译”“西洋文学概要”“欧洲文学史”“英国浪漫诗人”“文学与人生”等课程。著有《欧洲文学史大纲》《吴宓诗集》《文学与人生》《吴宓日记》等。

杨绛选修过吴宓教授的“中西诗文比较”“翻译术”等课，他注重培养动手能力的“翻译术”，为杨绛后来从事文学翻译打下了坚实的基础。

对于这位老师，杨绛又崇敬又觉得可怜。后来的岁月里，杨绛在回忆他时有这样的片段：

> 我听到同学说他“傻得可爱”，我只觉得他老实得可怜。当时吴先生刚出版了他的《诗集》，同班同学借口研究典故，追问每一首诗的本事。有的他乐意说，有的不愿说。可是他像个不设防的城市，一攻就倒，问什么，说什么，连他意中人的小名都说出来。吴宓先生有个滑稽的表情。他自觉失言，就像顽童自知干了坏事那样，惶恐地伸伸舌头。他意中人的小名并不雅驯，她本人一定是不愿意别人知道的。吴先生说了出来，立即惶恐地伸伸舌头。我代吴先生不安，也代同班同学感到惭愧。作弄一个痴情的老实人是不应该的，尤其他是一位可敬的老师。[①]

---

① 出自杨绛《吴宓先生与钱锺书》，1998年《文记报》。

这位先生哪是什么糊涂人、傻人？他只不过是看清了世道人心，坚持自己的一贯为人而已。

这样的安之若素，也感染了后来的杨绛不少。

选择这样一所宛如灯塔的学校，遇到像王文显、吴宓这般海阔天空一般的好老师，真是一种幸运，不仅让她的文学梦得以启程，而且给她以船，让她扬帆起航于文学之海。

自小受父亲的影响，杨绛阅读了大量的书籍，种类繁多。

她一考入清华大学，就赢得了梁宗岱先生的欣赏。当年，梁先生教法语，第一节课就是听写，对杨绛的答案，梁先生吃了一惊。于是，他问她，法语是如何学的，答曰：自学。

依仗着自身的文学修养和自学的精神，加之对文学创作的需求，杨绛选修了清华大学的中文系写作课。彼时，授课的老师是大名鼎鼎的朱自清先生。

朱自清先生在文学理论和文学批评上的造诣颇深，他的文学作品特别是散文作品，在中国现代文学史上占有一席之地。他一系列的名作真真是人人皆知，譬如《背影》。

正是他独具慧眼，挖掘到杨绛身上文学创作的潜质。杨绛真正的文学创作，也是在他的课堂上开始。

写于1933年的《收脚印》，是杨绛先生的处女作。在这篇文章被收录出版之际，杨绛还专门在“附记”中如此写道：“这是我在朱自清先生班上的第一篇课卷，承朱先生称许，送给《大公报·文艺副刊》，成为我第一篇发表的写作。留志感念。”①

所谓“收脚印”，江南地区有着这样的解释：人死之前，都会沿着这一生走过的路再走一次，这就是收脚印了。

当年不过22岁年纪的杨绛，涉世未深，却凭借着诸多的见识和阅读，写就了一篇令朱自清赞赏不已的佳作。不见青涩，反而尽见其对生活、社会的深切感悟，笔触淡雅，意蕴隽永，让朱自清大为惊叹。于是，他将这篇文章推荐给了当年《大公报·文艺副刊》的编辑沈从文，于1933年12月30日刊登发表，署名“杨季康”。

---

① 出自《杨绛散文》，浙江文艺出版社，1994年版。

如今翻阅来看，确令人钦佩不已，字字句句皆见不凡。

仿佛经历过一生、走过一世，写得无比入心、真切。不久，朱自清先生又将她第一次尝试创作的短篇小说推荐给了《大公报》。于是，又刊登在该报的《文艺副刊》上，原题为《路路，不用愁！》，后改名为《璐璐，不用愁！》，被林徽因选入《大公报丛刊小说选》一书。

这样的杨绛，是幸运的。不过，话说回来，她所有的幸运都源于她的努力。

越努力，越幸运。

此话，绝然不是空的。看杨绛先生一路走来，便可知。

友情

壹

安意如曾在《看张》中写道："人，一生中会和很多人相遇，有些人只是为了擦身而过，有些人是等着一见如故。"

诚然，在时光里最好的见证是与你一同走过来的人。陪伴像一盏灯，在这世间最为明亮温暖，可以照亮夜空；也像一把伞，可以为你遮风挡雨。或许，你们是恋人，或许你们就是一路走来促膝长谈的好友。

从大王庙到清华大学，杨绛的身边一直不乏好友，她们曾陪伴她走过一段美好快乐的青春。

周芬是她在东吴大学上学时的密友。周芬个子高挑，杨绛个子小巧，这样的两个人常常同时出现，确也是一道风景。

周芬就读于医学系，不仅和杨绛很聊得来，而且和她颇有些小渊源。她们在上大学之前早就曾见过，只是彼此没有留下什么印象。那时，杨绛的父亲杨荫杭是周芬父亲的上司，因为工作的缘故，周芬跟着母亲到过杨绛家里，只不过当时她们俩都还小，没有什么交集。

跟杨绛一样，周芬也是个很优秀的女孩子，不但学习刻苦，而且生活俭朴，还曾获得过苏州市演讲比赛的冠军。

两人趣味相投，才容易结为朋友。除了杨绛和周芬，心似明镜、眼如冰雪的张爱玲和外国女子炎樱也是如此。炎樱和张爱玲有着一样的真，让张爱玲这个世间最不擅交际的淡泊女子与她犹如赤子般深交，对她毫不设防，始终保持天真喜悦。

世间的情分为亲情、爱情、友情。女子与女子若是生了相悦的心，同样可以体会到人生的欢喜，这便是友情的好处。

那时，杨绛搬到了周芬所在的寝室。初识之时，杨绛极为腼腆害羞，常常未说话就先红了脸。不过，时间一久，她便流露出对周芬的依赖来。那时，她喜欢赖床贪睡，每每都让周芬给自己带个馒头回来当饭吃，自己则赖到最后实在不想再赖之时才起来。有时，时间来不及，慌得连脸都不洗，用湿毛巾随便擦一下就急匆匆冲出去了。

吃馒头，她可以吃出花样来。

她把馒头瓤儿全部吃了，然后故意把馒头皮搓成细长长的一条，远观像极了一条虫子。她恶作剧地将这些“虫子”放在周芬的笔记本上，然后佯装很害怕的样子故意大叫着好可怕！周芬每每都会中招，以为真的是虫子，吓得不敢靠近。这时，杨绛会觉得得逞，哈哈大笑起来，一把把“虫子”捉过来，再一口吃掉。此时，周芬才会恍然大悟，原来这是她的小把戏，然后追着她打。

室内好生热闹，两人你追我赶，欢喜至极。

她们二人还有共同爱好，那就是音乐。杨绛喜欢吹箫，周芬则喜欢吹笙，如此笙箫合奏，琴音绵绵，足以绕梁三日。

她们相伴着快乐地走过了无数日夜，直到大四那一年。那时，有些学生在有人组织的情况下闹学潮，学校与外界几乎被隔绝，陷入瘫痪状态。对于这一切，杨绛的父母起初还不知道，后来还是振华女校的校长联系到杨绛的母亲，劝她赶紧将杨绛接回家，母亲这才知道学校的糟糕情况。

于是，杨绛的母亲来到了学校。

因为情谊至深，杨绛不想让周芬一人留下，便央求母亲将其一起带走。当时的情况很不乐观，学校门口把控很严，两人一起离校很是扎眼。所幸，鬼马精灵的杨绛出了个万全的主意。她让母亲先将她们两个人的书和简单的东西放在车上，车上只坐母亲一人。校门口警卫见没有学生在车上，自不会限制杨绛的母亲离开。而杨绛和周芬则利用下午四点之后允许出校门活动的一小段时间偷偷“出逃”。

果然，这个办法是行得通的。杨绛的母亲带着她们的东西顺利离开了。她们俩挨到四点多，拉着手慢慢走到望星桥，然后快速出了校门。不过，在校外的小吃集中地，她们稍稍做了停留，主要是为了观察一下有没有人跟上来。若是有人跟上来也好解释，可以说是来买吃的糊弄过去。所幸，没有任何人追上来，她们很顺利地离开了学校。

有同学见她们两人安全离开，也动了心思。不过，他们就没那么幸运了，走了一半便被抓了回去，好生狼狈。

世道动荡，学校是非不断，眼看快到毕业的时候了，学校还在停课中。一直这样也不是办法，于是，杨绛就找人帮忙，以求去燕京大学借读。或许经历了东吴大学的闹事事件，父亲杨荫杭很不放心杨绛一个人去燕京大学，说要是有几个要好的同学一起就好了。

于是，杨绛约上了好友周芬和其他三个男生一起前往。

他们一行五人全都通过了燕京大学的考试。但因为杨绛心念清华，转头去了清华，其余四个人则都留在了燕京大学。起初，杨绛觉得周芬是跟着自己一起来的，现在留下她在燕京大学，心里很是愧疚。不过，周芬却不以为然，相伴有始就有终，她一早就知道，没有人可以一辈子不分开，只是时间早晚而已。

乱世之中，夫妻情义尚且都会像风中的落叶摇摇欲坠，而她和杨绛历经动乱，还能如此相互陪伴，相互慰藉，已属不易。人海茫茫，知己难求，这一生遇到一个便已足够。

后来，她们成了一生的好友。往来有之，见面有之，叙旧也有之。

有生之年，有一知己好友便是圆满，如此真好。

曾见到有句话说："有的时候，人和人的缘分，一面就足够了。因为，他就是你前世的爱人。"

杨绛和钱锺书的爱情就应了这句话。

1932年，春。她和他在清华古月堂初见。初见似如故人归，她深觉他眉宇间"蔚然而深秀"，他也觉得她"缬眼容光忆见初，蔷薇新瓣浸醍醐"，清新脱俗。

就此，娟秀的她便入了他的心。没多久，素来"傲视群雄"的他就给她深情地写信约见，并直言"我没有订婚"来表白自己一颗爱慕她的迫切的心。而她，也在"我也并非费孝通的女友"的解释中表明了自己一颗萌动的心。

由此，两下释然，情缘即定，世间有了一段绝美的旷世之恋。

倾谈三

与君初识，犹如故人

初见

初入清华大学的杨绛是个很讨喜的女孩，皮肤白皙，身材娇小，娴静得让人特别愿意靠近。曾经，她的室友这样评价过她：“具备男生追求女生的五个条件：第一，相貌好；第二，年纪小；第三，功课好；第四，身体健康；第五，家境好。”

她是那种校花级别的女神，别有一番味道在。

据说，在她年幼时，苏州的太太们见了她就夸：“哎哟，花色好得来。阿有人家哉。”嚷嚷着要给她介绍人家。

但杨绛并不认为自己是美女，很少在意自己的容貌，也极其羞涩，很少跟男生接触。不过，这却未曾让她的追求者有一丝一毫的减少，她收到的情书一直源源不断，示好的男生据说有孔门弟子“七十二人”之多。更有人给她写诗来传达爱慕之情：“最是看君倚淑姊，鬓丝初乱颊初红。”

不过，后来的杨绛却否认了这一传闻，说当时的来信大抵说的是，你还小，当读书，不要交朋友之类的关心文字。

说来，只是未曾有心动的人出现而已。

从东吴大学起到清华大学期间，即便有无数人追求她，她也未曾对谁动过心。当身边的女同学纷纷去会男友，与男友挤在一处你侬我侬谈情说爱时，她却独坐一隅看书、写字，避开一切儿女私情。

或许，就是为了等待他的出现吧。

三月的一天，红成阵、绿成荫，一片生机勃勃。风和日丽的天气，在幽香袭人的古月堂门前，她和他于上天冥冥之中的安排下初遇。

那一天，钱锺书来到古月堂门外，因为清华有校规，不允许男生进女生宿舍，所以，他一人巴巴地站在那里。古月堂，是清华大学女生的宿舍，每每入夜时常会站着一些等待女友的男生。彼时，古月堂不设会客室，男生们便只好站在古月堂的门前苦苦等待，无论春夏秋冬，总可以看到一两个焦灼的身影等着他们那“千呼万唤始出来”的心上人。

就是在这个极富浪漫之地，他和她恰好相遇。

那时，他站在古月堂的门前，她则刚从古月堂钻出来。同学简单地为他们介绍了彼此，他们四目相对之下，便心生情愫。

当你爱上一个人，第一眼看见就知道是他了。那眉眼，那气息，一次就直烙你心。回头细碎想起他的样子时，早已忘却阴晴圆缺，忘却周遭所有。只有他，唯有他而已。

那一天，她和他的相遇便是如此。从此，她的世界只有他一人，他的世界也只有她一人。

自此，着青布大褂，穿一双毛底布鞋，戴一副老式大眼镜，目光炯炯有神，谈吐机智幽默，浑身浸润着儒雅气质的他，入了她的心；而优雅知性的她，则像一朵花儿一样，就此开在了他的心间，芳香馥郁。

他们彼此一见如故，侃侃而谈起来，忘了时间，也忘了他人。

她被他眉宇间的“蔚然而深秀”深深打动，一见之下就觉他是自己“前世的人”；他则在她似蹙非蹙的双眉下，笼住了她的心意。即使逃开了她明眸善睐的双眼，也无法逃开她在自己心中的反复纠缠。

他们就这样怦然心动，一见钟情。诚如曾经很火的一部剧的名字——《命中注定我爱你》，说的便是这样一对人。

若干年前，她的父母曾带着她到过他的家，虽说他们并不相识，也无交集，然而，如果无缘，可能这一生都不会再次相见。若干年后，朋友带着他出现在她的面前，他们彼此相视而笑。

茫茫人海里，我只为寻到你，你只为寻到我。

曾经，她的母亲也说过：“阿季脚上拴着月下老人的红丝呢，所以心心念念只想考清华。”

她和他的初见，是偶然，也是必然。有人说，这一生里他们注定是要见到彼此的，只不过是时间早晚的问题。

如是，这两个青涩的少年在初次相遇时便认定了彼此，今生就要在一起。

彼时，钱锺书是名满清华的大才子。

当年，20岁的他报考清华外文系时，闹得波澜四起。他中英文俱佳，但数学只考了15分。如果不是校长罗家伦爱才惜才，他就会与清华无缘。

入学后，他不负罗家伦的爱才之意，博览群书，手不释卷。其读书之多，令人惊叹，在校园内名气极大，“写起文章纵横捭阖，臧否人物口没遮拦”。曾经，他还在《清华周刊》上发表了不少文章。

对这样优秀的他，杨绛一早就有耳闻。在初遇不久，她就跟同学打听过他的一切。当同学告知她，他已经订婚了，她的心底或许有过失落吧，尽管从未曾听她说过只言片语。

他也像她一样，向自己的亲戚打听过她，尽管获知她已有男友，他依然做不到放手。于是，在一颗悸动之心的驱使下，他还是给她写了封信，约她在工字厅见面。

一见面，二人便迫不及待地澄清关于彼此的那些坊间传闻。

她的所谓“男朋友”费孝通，只是相识多年的好友。

当年，费孝通随家人搬到苏州居住。因为母亲与当时苏州振华女校的校长王季玉是好友，于是便让儿子费孝通去振华女校读书。

一开始，费孝通是死活不去的，因为是女校，全校都是女生，他怕自己会被同学们笑死。但母亲十分严厉，哪里会管他的这些顾虑，命令他必须去。最后，他便成了女校当时唯一的男生。

由此，他成了杨绛的同班同学。

当年，费孝通虽然矮小瘦弱，却十分聪明。学习优秀的杨绛也吸引了他的目光，只是年纪尚小的他还不知如何表白。后来，他们又同时考入东吴大学，娟秀的杨绛更吸引了无数男生。费孝通这才坐不住了，终于有一天，他当着追求杨绛的男生的面宣布：“我跟杨季康是老同学了，早就跟她认识，你们追她，得走我的门路。”

后来，他壮着胆子开始主动追求杨绛，因为朋友这一层关系，杨绛没有明显表示拒绝。于是，外界因为他们俩彼此相识多年，加之条件相当，都以为他们在交往。

然而，于杨绛，她从未承认过这份恋情。事实上，在她心里，费孝通始终是个友人。

一遇见钱锺书，她便知道爱上一个人是怎样的感受。于是，她在钱锺书初次约她之时就急急地澄清了这件事。

再说钱锺书那所谓的订婚之事，也是件很乌龙的事情。

原来，他家有个远房的姑母，人称“叶姑太太”，她家有个养女叫叶崇范，因为叶姑太太很欣赏钱锺书的学识，有意将女儿许配给他。钱家对这门亲事也同意了，只是钱锺书本人从未同意过这事。

在此之前，他从未想过对任何人澄清这事。然而，遇到杨绛之后，他便时时刻刻都想着要将这事跟杨绛澄清。于是，在约见杨绛后，他的第一句话就是：“我没有订婚。外界传说我已经订婚，这不是事实，请你不要相信。”杨绛也说道：“我没有男朋友。坊间传闻追求我的男孩子有孔门弟子‘七十二人’之多，也有人说费孝通是我的男朋友，这也不是事实。”

就此，两人之间所有的顾虑烟消云散。

说来，缘分实在太微妙，钱锺书口中订婚的“叶小姐”，她竟然是认识的。原来，她们之前都在启明上学。这位“叶小姐”相貌不错，却爱惹祸，食量也大，一顿可以吃很多。

据说，有一次，她的养母叶姑太太去买东西，让她小等一会儿，结果那一小会儿的时间里，她竟然吃了很多冰激凌，结果病倒了。因为能吃，她得了个“饭桶”的绰号，跟她的名字“崇范”倒过来的读音很是相似，很快就被大家叫开了。这个“叶小姐”还总喜欢做一些出格的事情，譬如打扮成男孩子的样子，偷跑出学校，等到玩够了才回。

这样的“叶小姐”，即使放在现在，也是个叛逆的女孩。这样的“叶小姐”，杨绛也觉得文弱的钱锺书是无法喜欢上她的。

关于钱锺书是如何被杨绛吸引的，他们的女儿钱瑗出于好奇，曾借机问过父亲。那时，杨绛去了国外访问，只有父女二人在家。钱瑗终于问出了这个好奇了许久的问题：“爸爸，咱俩最‘哥们’了，你倒说说，你是个近视眼，怎么一眼相中妈妈的？”

她父亲说：“我觉得你妈妈与众不同。”

钱瑗追问道：“怎么个‘与众不同’？”

父亲就不再回答了，只是笑。

也是，爱上一个人是不需要理由的，也无言语可以诉说。或许只有诗意可以将这种美好表达，钱锺书曾经有诗如此形容过初见的杨绛：

缬眼容光忆见初，
蔷薇新瓣浸醍醐。

不知靧洗儿时面，

曾取红花和雪无。

记忆中，他永远记得初见时的她。

面洁如白雪，脸润如红花，清雅脱俗，犹如蔷薇新瓣浸醍醐，更带着一丝令人爱怜的腼腆。

而她，也记得初见他时，他那眉宇间的“蔚然而深秀”。

绵密

他们恋爱了，如胶似漆。

约会有之，通信也有之。然而，最动人心弦的还属文采斐然的钱锺书写就的那一封封滚烫的情书。杨绛的那颗芳心在这些动人的情书里缓缓融化，如雪，如水，如雾，直至最后完全和他融为一体。

为了表达爱意，钱锺书写过颇有李商隐风致的情诗给她，最著名的是刊登在《国风》半月刊第3卷第11期（1933年12月1日）上的《壬申（1932）年秋杪杂诗》：

缠绵悱恻好文章，
粉恋香凄足断肠。
答报情痴无别物，

辛酸一把泪千行。
依稀小妹剧关心，
鬠辫多情一往深。

别后经时无只字，
居然惜墨抵兼金。
良宵苦被睡相谩，
猎猎风声测测寒。
如此星辰如此月，
与谁指点与谁看？

困人节气奈何天，
泥煞衾函梦不圆。
苦雨泼寒宵似水，
百虫声里怯孤眠。

海客谈瀛路渺漫，
罡风弱水到应难。
巫山已似神山远，
青鸟辛勤枉探看。

他也写过一首七言韵律的情诗，其中有一联运用了宋明理学家的语句：

除蛇深草钩难着，
御寇颓垣守不牢。

清新如画，写得真好。

钱锺书也曾如此自负地说过：“用理学家语作情诗，自来无第二人！”确实如此，且看那首《玉泉山同绛》：

欲息人天籁，
都沉车马音。
风铃呶忽语，
午塔闲无阴。
久坐槛生暖，
忘言意转深。
明朝即长路，
惜取此时心。

彼时，钱锺书写书信写得很勤，几乎每天一封，将爱慕杨绛之心完全用一纸信笺来载。当时，寄信极为方便，清华大学院内就有邮箱，信还会直接送到宿舍去。不过，杨绛却很少回，于是便有了钱锺书诗中这“别后经时无只字，居然惜墨抵兼金”的小小幽怨。

杨绛不爱回信，让人不由得想起钱锺书《围城》里的唐晓芙，那个不爱写信的女子原型是不是杨绛？

杨绛很少用信表达心意，不是因为她对钱锺书不够深爱，而是她不愿意用这种方式来表达而已。那时的她无论上课还是去图书馆，或者跟好友一起在校园内散步，回到宿舍第一眼就是去找等着她去开启、阅读的信。

这份默默的惦念，也让她真切地确定自己深爱着他。

钱锺书回无锡老家后，没有将自己和杨绛谈恋爱的事情告诉父亲钱基博。为解相思之苦，他依然频繁地跟杨绛通着谈情说爱的信。杨绛偶尔也会写信给他，情意绵绵又不失理性，文采也好。

某一次，她的回信不巧落在了钱锺书父亲钱基博的手中。钱基博突发好奇之心，悄悄拆开信看了，看完竟喜不自禁，大赞道：“此诚聪明人语！”

原来，她在信中如此写道：“现在吾两人快乐无用，须两家父母兄弟皆大欢喜，吾两人之快乐乃彻始彻终不受障碍。”读到此句的老先生，自是“得意非凡”。

如此聪慧的她，自然而然入了钱基博的眼，他十分欣慰能有她这般思维缜密、办事周到的女子，陪伴不谙世事的儿子锺书一生。对于锺书来说，这样一个女子是绝然可遇不可求的。

钱基博高兴之余，也未征求钱锺书的意见，直接给杨绛写了封信，信中竟郑重其事地将儿子托付给她。后来，杨绛提及此事，还甚觉钱基博这做法像极了《围城》中方遯翁的作风。

差不多在此时，杨绛将自己与钱锺书恋爱的事情告诉了父母。

至此，她和他的爱情便在现实中如一幅画卷展开。

机缘巧合下，我曾看到电视剧《射雕英雄传之九阴真经》里，演员姜大卫、梁佩玲一起在金黄的阳光下举杯共饮，吸引我的是他们的眼眸中满满的情波荡漾。

这是金庸笔下的黄药师和阿蘅。他们一个孤傲独立，一个冰雪聪明，成了最令人艳羡的一对神仙眷侣。

尽管，看了书里的结局令人心生“天嫉姻缘好”之恨，然而他一句“你知道吗？我是多么地爱你”，她一句“药师，我真的很希望，我这一辈子能照顾你”，又让人明白，这世间还是爱情好。

诚然，世间最难得找到一个合心合意的人，更难得的是合心合意的人也恰恰爱自己。无论时间对错，遇到对的人，即最大的幸福、最好的爱情。

看剧时，会想到爱的圆满，想起杨绛和钱锺书来。他们这一对璧人极为幸运。现实残酷，世事动荡，能于茫茫之人海里寻到那个对的人，且一生厮守，不离不弃，多么难得，多么令人艳羡不已。

那时，杨绛在清华大学的校园里上完了她的大学第四年。

曾经，她感叹自己这一生最大的遗憾就是没能在清华大学读本科，错过了那几年清华大学外文系最鼎盛的时期。虽然，她早有意来清华大学，然而机缘错失，为此，她说道：“终究不成，命也夫！”

不过，在清华大学的这一年，也是她受益匪浅的一年。她选择了很多当时十分权威的科目，比如蒋廷黻的“西洋政治史”、浦薛凤的“政治经济史”，还有温源宁的“英国浪漫诗人”。这些大师级别的老师教给了她太多日后受用一生的知识。

但曾经做过钱锺书老师的温源宁对杨绛的评价并不高，原因是在他的一次测验考试上，杨绛曾交了白卷。当他听说自己的得意门生钱锺书和她谈朋友时，他专门告诉钱锺书："pretty girl（漂亮女孩）往往没头脑。"

钱锺书自然不会被这番一已之见所左右，他和她的感情依然如故。

为了能与杨绛长相厮守，让她结束这段借读生活，钱锺书希望她再补习一下，考清华大学的研究院。如果能这样的话，他们二人可以继续同学一年。末了，他还提出和她先订婚，但她拒绝了。尽管她十分爱他，但还是觉得过于仓促。

关于报考清华大学研究院的事情，她回信给钱锺书说，她在准备报考的复习，但是一时半会儿也急不来。那时，她已经结束在清华大学的借读回到了家乡苏州。苏州的亲戚给她介绍了一份小学教员的工作，她答应了。

这是一份比较清闲的工作，可以有很多时间复习备考研究院，待遇也很好，一个月有120元的收入，这份工作在当时算是个金饭碗了。在学校里，她最爱去的依然是图书馆。工作之余，她陆续把那里的藏书认真地看了一遍。工作虽然清闲，但是也不能用全部的精力来复习功课，所以她想推后一年再考。

这样的推后对钱锺书来说是一种莫大的折磨，他自然会反对。他不想跟她分开太久，路途遥远，相思却浓。他们为此争执了很长一段时间，她都不理他。

钱锺书为此还伤心了很久，他以为她不想跟自己继续这段感情了。在那段时间里，他创作了很多伤情的诗，诉说着自己的“辛酸一把泪千行”。后来，他专门把这些诗整理发表了，以此纪念那段情思绵绵的日子。

其实，杨绛尽管没有理他，但并没有忘记他，反而十分惦记他。在他一直坚持写给她的那些流淌着无限爱意的信中，她被深深感动。很快，两人和好如初。

感情往往情天恨海、波澜四起，哪有一直稳定的情缘？当经历过一些波澜后，情感才会愈发稳固。

钱锺书和杨绛的感情同样也是如此。

胶着

那些无法相聚的时间里，除了绵密的情书，更深更浓的相思如杏花雨，如杨柳风，在他们的心里荡漾无边。

情深意切时，杨绛向钱锺书发出了邀请，请他来苏州拜见自己的父母。

1933年年初，钱锺书踏上了去苏州的旅途。他初见杨绛的父亲杨荫杭，便相谈甚欢。但当杨绛问起父亲对他的印象如何时，父亲却只说了这样一句：“人是高明的。”言外之意，还是对未毕业的钱锺书心存顾虑，毕竟不知道他这样一个乳臭未干的小伙子是否可以承担得了一个家庭的重担。

早在杨绛入京求学借读清华时，父亲就得了“小小的中风”。昔日顶天立地的他，已然不能像过往一样独当一面了。曾经，他还“闹过这样的笑话”：那是一次开庭，全场的人都在安静地等他发言，可是过了半天，他依然开不了口，一直安静，一直安静，后来不得已只好推迟了开庭。

这样的情况，是他“中风”所致。他已然不再是那个思维敏捷的大律师了，年岁的增长让他不得不承认自己老矣。

杨绛得知此事心疼得要命，眼泪止不住地往下流。父亲倒是自己成了局外人，一个劲地安慰她，说自己已经好了。

不过，从那次之后，父亲再没有接过任何案子了，就此结束了自己半生热爱的律师生涯。对此，他极为不舍。然而岁月不饶人的无奈，只有迟暮之年的人才可以体会。

作为父亲，他想得更多的是把自己最爱的小女儿托付终身的那个人可不可靠，有无能力、担当，能否让自己的女儿不受苦受累，过上安稳的生活。

但不管如何，杨荫杭对钱锺书还是有着极佳的印象，并视之为“乘龙快婿”。而钱锺书在拜见过杨绛父亲之后，便迫切地邀请了杨荫杭的两位好友作为媒人，按照传统的方式上门提亲。

他太迫切地想和杨绛在一起了。

当年暑假，在苏州某酒店，杨绛和钱锺书举行了订婚仪式。

订婚宴上，钱锺书的家人才见到杨绛。不过，在此之前，钱锺书的父亲早就从杨绛的来信里感知到杨绛的知书达理了。曾经，他对人说："杨绛实获我心。"

对于当年这场时髦的订婚仪式，后来杨绛有着这样的回忆："五六十年代的青年，或许不知'订婚'为何事。他们'谈恋爱'或'搞对象'到双方同心同意，就是'肯定了'。我们那时候，结婚之前还多一道'订婚'礼。而默存和我的'订婚'，说来更是滑稽。明明是我们自己认识的，明明是我把默存介绍给我爸爸，爸爸很赏识他，不就是'肯定了'吗？可是我们还颠颠倒倒遵循'父母之命，媒妁之言'。默存由他父亲带来见我爸爸，正式求亲，然后请出男女两家都熟识的亲友作男家女家的媒人，然后，（因我爸爸生病，诸事从简）在苏州某饭馆摆酒宴请两家的至亲好友，男女分席。我茫然全不记得'订'是怎么'订'的，只知道从此我是默存的'未婚妻'了。"

其实，钱锺书的名字不叫"默存"，"默存"是钱锺书的号，只是杨绛喜欢这么称呼钱锺书而已。而钱锺书则喜欢叫她"季康"。

这场仪式之后，两位后来显赫于中国当代文坛的人便绵密地胶着在一起了。

对于未来，他们两人早有打算。

钱锺书要报考英庚款资助的公费留学考试。因为考取的条件是，申请人必须有两年的社会服务经验，所以他决定去先教书。在他们订婚结束不久，他开始任教于上海光华大学。当时教的是英语，月薪90元。

杨绛则在复习了一段时间的功课后，顺利地考上了清华大学研究院外国语言文学部。所以，她也很快离开苏州，北上京城，再次回到了清华大学。

就这样，两人还没相处太久就各自去了不同的地方。

爱情是诗歌最好的素材。自古以来，从《诗经》到唐诗宋词，到民国诗歌，情诗不可胜数。

在他们分居两地的那段时间里，钱锺书写了无数相思的情诗。1934年，他还专门整理了这期间的诗入册，也就是他的第一本诗集《中书君诗》，其中也包括与杨绛的唱和诗作。

诗集是他自费印刷的，所以数量不多。当年，他也只分享给了师友。他和杨绛在清华大学共同的老师吴宓也有幸获得了一本。为此，吴宓专门作了一首七律诗《赋赠钱君锺书即题中书君诗初刊》馈赠于他，诗中尽显他对钱锺书的钟爱和赏识，比如“才情学识谁兼具，新旧中西子竟通”。

相恋之人，最怕的是距离。如何在千里迢迢、万水千山的距离中保持绵密胶着，让无数恋人为之伤神。

钱锺书和杨绛选择了书信这一方式。

他们俩几乎一天一封信，将彼此的心意坦诚地用文字表述出来，信的内容范围极为广泛，像日记一般，好书要分享，遇到的新鲜事要分享，思念之情也要分享……虽然看似极为琐碎，但呈现给彼此的却是浓得化不开的情。

在书信的落款上，钱锺书总是用尽心思、花样百出。“奏章”这个称呼，是他最常用的，他说有点“禀明圣上”的意味。对此称呼，杨绛每每看到都会忍俊不禁。曾经有一次，钱锺书在信中自称“门内角落”，杨绛百思不得其解，于是回信问他“门内角落”是什么意思，收到他的回信才明白，原来这是所谓的“钱氏幽默”：“门内”是money，翻译成中文就是“钱”的意思，而“角落”是clock，翻译成中文就是“钟”的意思。

这样深情、幽默而多才的钱锺书，自然深入了杨绛的那颗少女心。

1934年春节，钱锺书专门从上海坐车到了北京。他此次来，是为了去清华大学看望杨绛，这也是他毕业后第一次回母校。虽然在清华读书多年，但他的大部分时间都是用来做学问。在北京的几年，他去过的景点是香山和颐和园，这还是班级集体出游才参加的。杨绛则不同，她是个很喜欢新鲜事物的人，对北京那些颇有历史渊源的景点极为喜爱。来北京的第一年，她就几乎把北京的景点走遍了。这次，锺书来北京看她，她自然要跟锺书漫游北京的那些有意思的景点。对于她来说，能跟自己喜欢的人一起漫游喜欢的地方，也是极难得极浪漫的事。

文人雅士出行时必定诗词伴身。此次锺书就有诗《记四年二日至九日行》写道："纷飞劳燕原同命，异处参商亦共天。自是欢娱常苦短，游仙七日已千年。"

在才情四溢的诗中，流露出了两人浓浓的依依惜别之情。

相聚离别，自古伤情，作诗留字，最见情深。相聚总是短暂，时间如白驹过隙，离别总会到来，剩下的日子里全然是相思绵密浓稠的胶着。

陪伴

生命中，陪伴是最长情的告白。爱情，则是最好的陪伴。

生活难免平平淡淡，爱情难免柴米油盐。然而，一番交融下，你会发觉，爱的陪伴才是我们心中永远的温暖，并且无可替代。

看杨绛和钱锺书这段互相陪伴的岁月，更觉得在这浮华的世间，相互陪伴的爱情至为美好，你会深信爱情，并为之感动。

1935年，钱锺书在光华大学任教的两年期满。完成了国内的服务期，他决定参加出国留学的考试。

当年，国内有留学资助。那是在1930年9月签署的。当时，中英两国政府协定，英方归还中方庚子赔款。翌年4月，专门设立了管理这批款项的董事会，先以基金借充兴办铁路及其他生产建设事业，然后以借款所得的利息兴办教育文化事业，并以举办留英公费生考试、资助国内优秀人才到英国学习为主。

当年参加留英考试的有二百多人，被录取的不过二十几人。在这二十几人里，就有钱锺书。不仅如此，他还是当年总成绩最高的那一位。

拿到录取通知消息后，他第一时间告诉了杨绛，并希望她能跟自己一起出国。

杨绛听了，十分欢喜，决定与他一同前往。尽管自己在清华研究院的学业即将结束，毕业在即，然而她太了解出身书香门第的锺书了。锺书从小生活优渥，对于日常生活一窍不通。假如自己不与他一起出国，不照顾他的日常，后果将不敢想象。

很不凑巧，此时的清华研究院里唯独杨绛就读的外语部不能输送留学生，所以她如果想出国留学必须自费。

自费，就自费吧。为了钱锺书的生活和发展，杨绛毅然决然地办理了休学手续。

如果跟钱锺书出国，还有一件大事要办，那就是和钱锺书结婚，举行婚礼。虽然他们之间已经有了订婚仪式，但如果没有正式举行婚礼，他们还是不好一起出国，尤其在那个年代。

当时，她还有一门功课需要大考，经过考虑，她和老师商量决定，用论文来代替考试。

于是，在未取得文凭的情况下，杨绛提前一个月回家。匆忙之中，也没来得及给家里写信告诉一声，杨绛收拾好行李，迅速登上了回家的船。

很快，她就到达了苏州。那时已过午时，领取了行李，雇了车，她就急匆匆地往家里赶。到家的时候，已是下午三点左右。她把行李搬到门口，就飞奔似地往父亲的屋里跑去。

父亲像是在等候她一般，“哦”了一声，掀起帐子，下了床，说道：“可不是来了！”

原来，午休时，父亲刚刚闭上眼睛就忽然觉得小女儿回家了，于是爬起来找她。他以为小女儿在夫人房里，特意跑了过去，却只见夫人独自在房里做活计。怕没寻到，还特意问夫人：“阿季呢？”夫人一脸惊愕，回他道：“这会儿怎会有阿季？”

无奈之下，他只好回房继续午睡。谁知辗转反侧都睡不着之际，阿季真的来了。所以，他才有了刚刚那句话。

为此，他还说道：“曾母啮指，曾子心痛，我现在相信了。”

是的，他们这对父女也会心心相印。除了跟父亲，杨绛跟丈夫也有着深深的心心相印。

父母得知她要陪伴钱锺书出国留学，很是支持。

之前，她曾放弃过一次出国深造的机会，这一次他们希望她能得以成行。这将会为她铺陈一个美好的未来。

对于父母，她有着很深的愧疚和不舍。此次出国，不知何时才能相聚，人越上了年纪，越珍惜相聚的时日。如今，家中的几个兄弟姐妹都分散各地，工作的工作，学习的学习，父亲当年一手置办的庭院冷清至极，前后几十间房间都空着。倒是父母一直在安慰她，不必担心，放心去。

出国前，钱锺书和杨绛举办了盛大的婚礼。

1935年夏天，他们先在苏州杨家大厅内举行了婚礼。婚礼仪式采用的是西式，有男女傧相。杨绛穿着长长的婚纱，旁边有为她提花篮的花女，以及提着拖地长纱的花童。

奏乐声中，父亲杨荫杭主持了这场婚礼。当天的来宾里，最特别的要数杨绛的三姑母杨荫榆。她穿着一袭白夏布的裙子和白皮鞋来参加婚礼。在当时来说，这样一身纯白是很不好的，宾客们诧异之余少不了议论纷纷。不过，杨绛知道三姑母一天到晚都一心扑在工作上，已多年不置办新衣服了。虽然穿成这样难免让人心生诧异，但她肯定没有什么恶意，并且钱锺书对此也毫不介意。

时值盛夏，婚礼很折磨人，钱锺书的白衬衫领子都被汗浸透，杨绛的婚纱也变成了蒸笼一般，让她从头到脚都流着汗。一场婚礼下来，两个人都像是被雨淋了一般。

后来，钱锺书还将这场婚礼移植到自己那部惊艳世人的小说《围城》里，也就是曹元朗与苏文纨结婚的那一幕。杨绛则在《记钱锺书与〈围城〉》中如此写道："结婚穿黑色礼服，白硬领圈给汗水浸得又黄又软的那位新郎，不是别人，正是锺书自己。因为我们结婚的黄道吉日是一年里最热的日子。我们的结婚照上，新人、伴娘、提花篮的女孩子、提纱的男孩子，一个个都像刚被警察拿获的扒手。"①

不过，最让杨绛记忆深刻的不是这场婚礼，而是婚礼前父母为自己办的"小姐宴"。那时，在当地的风俗里，出嫁之前的姑娘要在婚礼的前几天邀请自己的好姐妹一起来参加宴席，宴席就由女方父母来操办，但父母并不参加，只让姐妹们为姑娘送行。这种宴席被称为"小姐宴"，是一种类似于"成人礼"的仪式，预示自己即将告别少女时代。

---

① 出自《杨绛作品集》第二卷《记钱锺书与〈围城〉》，中国社会科学出版社，1993年版。

杨绛的父母为杨绛操办的“小姐宴”，是在旧历六月十一日的晚上举行的。彼时，姐妹、女伴、同学和亲戚等坐满了一大桌，大家在吃吃喝喝中甚是欢乐，场面热闹非凡。然而，杨绛心里生了小伤感。她知道自己从此将离开这个家，嫁到钱家，再不能做父母怀中撒娇的“阿季”了，如此想着，心中就更难过了。

然而，每个人都会长大，这是必经过程。对此，一向聪颖的杨绛自然明白。只是后来的岁月里，她每当忆起那顿伤情的“小姐宴”，对父母的想念之情也就更深更浓。

在钱家举行的婚礼是中式的，一切礼俗和仪式都是按照中国传统。

迎娶仪式在无锡七尺场进行。钱家世代书香，人缘极好，这天到场的客人很多，连无锡国学专门学校的校长唐文治也前来祝贺。另外，陈衍老先生也来祝贺，还有新月诗人兼学者陈梦家、夫人赵萝蕤等，众宾客济济一堂，喜气盈门。

至此，他们正式结为伉俪，一如胡河清所说：“钱锺书、杨绛伉俪，可说是中国当代文学中的一双名剑。钱锺书如英气流动之雄剑，常常出匣自鸣，语惊天下；杨绛则如青光含藏之雌剑，大智若愚，不显锋刃。”

双剑合璧，确是一段好姻缘。

溯源而追，他们这段缘分在1919年就已注定。

《诗经》说：“死生契阔，与子成说；执子之手，与子偕老。”

张爱玲说：“这是一首悲哀的诗，然而它的人生态度又是何等肯定。”对这美好的诗意，张爱玲的感叹另有所指。这句诗，描写的是久远年代里一位女子对出征爱人的思念和期待，虽然字句间流露着满满的无奈，却尽显执着。爱情里的人们对这句诗一直深为钟爱，视其为誓约。

如此说来，对爱情的最美好期待，千年来都是如此。看杨绛和钱锺书携手走过的一生，更觉如此。

时间会消逝，岁月会流失，但我们经历的那些时光和记忆会定格，美好会永存。每个人不过是凡尘中的一粒微小的尘埃，在漂泊中寻找幸福的痕迹，或许会跌跌撞撞，但身在其间骤觉开开心心、简简单单是为极好，最美丽仍然是爱，相伴牵手才是最好，为此而不惧怕这一生的波折，始终牵手到老。

杨绛和钱锺书是这世间伴侣的最好榜样，看他们的爱情婚姻，便知这世间姻缘的美好是伴随，而不是追随。

倾谈四

执子之手，与子偕老

英伦

壹

两场婚礼下来，他们都体力不支病倒了。到了本该是“双回门”的日子，杨绛因为生病，未能如约回娘家。

杨绛的母亲特意准备了一桌酒菜，原本以为心爱的女儿会带着女婿回来，谁知空欢喜一场。除了失望之外，母亲更多的是担心女儿的身体。还好，过了10多天，杨绛的身体恢复了。可是这时，钱锺书因为要去做出国前的培训，不能陪她回家，于是就让小姑子陪她回家。

杨绛未曾想到的是，这一次回去竟然是最后一次见到母亲。

那次小聚之后，她和锺书便开始着手准备出国的事情。他们乘坐火车从无锡出发，途经苏州，在火车停靠在月台旁边时，杨绛突然泪如雨下，不能自制地想跳下火车，跑回家去见他们一面。有人说，这是预兆，事实证明的确如此，此后杨绛再也没能见到母亲。

他们搭乘远洋轮船的二等舱去英国，在海上漂了一个多月。所幸，新婚燕尔的他们有着说不完的话，船上的日子才过得不那么寂寞。

钱锺书曾在他的《围城》中下过结论，说两个要结婚的人若想看出彼此的破绽，结婚前最好去旅行，但是不能短，至少要一个月，如此舟车劳顿下难免会心烦意乱，很自然就会“原形毕露”，这种情况下如果不会就此分开，那么就可以结婚了。

不知道如此实践下的结论，是否跟他和杨绛这一个多月的旅途有关。

在这次路途中，杨绛对钱锺书有了更深的了解，发现了这位大名鼎鼎的“才子”身上的很多问题。这之前，尽管他一再跟杨绛表明自己的“拙手笨脚”，相处之下，杨绛深觉他的诚实丝毫不是自谦。他是真的“拙手笨脚”，名副其实。比如，他不会系鞋带的蝴蝶扣，甚至连左右脚都分不清，连日常的筷子竟然也用得不大灵光……反正，全然没有“做学问”时的潇洒，却像极了不懂事的孩子。不过，因为对钱锺书的深爱，她并不觉得这是什么阻碍，反而她很庆幸自己做出了坚持与他同往英国留学的决定，这样至少自己可以照顾他，不让他受到生活的困扰。

结束颠簸的航行之后，他们终于抵达伦敦。此时，距离牛津大学10月前后开学还有一段时间，所以他们选择在伦敦停留几日观光一下。他们去见了早已留学在此的堂弟钱锺韩、钱锺纬。异国重逢，喜悦自不能用言语来表达，钱锺书更是赋诗一首《伦敦晤文武二弟》来描述当时之情景：

见我自乡至，欣如汝返乡。
看频疑梦寐，语杂问家常。
既及尊亲辈，不遗婢仆行。
青春堪结伴，归计未须忙。

他们在堂弟的带领下，参观了大英博物馆和当地著名的几个画廊以及蜡人馆等地，游玩一番后，他们就前往牛津了。

此时，官方已为钱锺书安排妥当。到了牛津之后，他就快速进了埃克塞特学院，攻读文学学士学位。杨绛则接洽一些自己入学的事宜。由于是自费，许多事情身不由己，她打算进不提供住宿的女子学院，然而那里攻读文学的名额已满，无奈之下，她只好退而求其次，做了一个旁听生，听几门课，然后到大学图书馆自习。

不过，她对此并无怨尤，因为她深爱着钱锺书，此行也是为了陪伴他而来。再说，本来她也是借着钱锺书的光省下日常开销才得以出国深造的。并且，那时她的父亲已经得了高血压，当时还没有什么降压的药来缓解，而她自己又远离他们万里，本已十分内疚，更不会忍心向他们要钱来上学了。

钱锺书在生活上确实不让人省心。那时，他们刚到牛津不久，他就笨拙了一回。对于这段经历，后来杨绛曾这样描述过：“他初到牛津，就吻了牛津的地，磕掉大半个门牙。他是一人出门的，下公共汽车未及站稳，车就开了。他脸朝地摔一大跤。那时我们在老金家做房客。同寓除了我们夫妇，还有住单身房的两位房客，一姓林，一姓曾，都是到牛津访问的医学专家。锺书摔了跤，自己又走回来，用大手绢捂着嘴。手绢上全是鲜血，抖开手绢，落下半枚断牙，满口鲜血。我急得不知怎样能把断牙续上。幸同寓都是医生。他们教我陪锺书赶快找牙医，拔去断牙，然后再镶假牙。”①

波折有之，快乐亦有之。

牛津大学作为英国最古老的大学之一，坐落在伦敦西北泰晤士上游的牛津城。钱锺书和杨绛的导师吴宓曾在此游学过，并赋诗一首来赞誉牛津大学是读书人最理想的读书地方：

牛津极静美，
尘世一乐园，
山辉水明秀，

① 出自杨绛《我们仨》，生活·读书·新知三联书店，2003年版。

天青云霞轩。
方里极群校，
嶙峋玉笋繁，
悠悠植尖塔，
赫赫并堞垣。
桥屋成环洞，
深院掩重门，
石壁千年古，
剥落黑且深。
真有辟雍日，
如见泮池存，
半载匆匆往，
终身系梦魂。

在这里，使他们受益匪浅的是学院的图书馆。这座名叫博德利的图书馆，是全世界一流的图书馆，钱锺书将其译为“饱蠹楼”。

这里的藏书远远超过清华大学的图书馆。在这里，嗜书如命的钱锺书和杨绛如鱼得水。除了听课外，他们将差不多所有的业余时间都用在了读书上。他们在这里借阅了一大堆一大堆的书，广泛涉猎文学、哲学、心理学、历史。往往，他们会找一个固定的位子，一本接一本地阅读，并做详细的笔记。

如此饱学终日、乐此不疲的样子，令人艳羡不已。

杨绛也因在这里的旁听和阅读，很好地充实了自己的知识涵养，提高了外语水平。

留学的生活充满美好，尤其对于杨绛而言。

那时，他们借住在老金家，一日四餐都是老金家提供。老金家给他们夫妇住的是一间窗临花园的双人卧房，老金的妻女每天都会收拾。如此，对于杨绛来说可以有大把的时间供自己来调配。因为是旁听，没有固定的课程安排，所以她给自己安排了一个详细的阅读表。

每日，她会按照表上罗列的书一本本地阅读，并认真地做笔记，加之当时图书馆读书的人很少，书又全是经典，颇有“坐拥书城”之感，充分地满足了她对书籍的“饕餮”。

在牛津的日子，假期很多，他俩几乎将这些假期时间全部用来读书了。当时大学图书馆的藏书只限于18世纪和18世纪以前的，若是想看19世纪和20世纪的文学经典，则需要到市里的图书馆去借阅。那里不仅藏书十分丰富，且借阅时限还很长，可以在两个星期内归还。两个嗜书的人，往往不到两个星期就要跑一趟市里的图书馆。这还不包括他们阅读家里带来的那些古诗词章、经典书籍，以及朋友间借阅或者寄赠的书。

能读书，且时时刻刻、随时随地都可以读到书，对于他们两人来说，简直如同到了天堂。

当时的牛津，书店也多，并且可以站在书架前任意阅读。

他们每天都会出门走走，他们管这叫去"探险"。早饭后，会去；晚饭前，也会去。他们总挑不认识的地方走，每个地方都有新发现，每次都有新意。

安静而小小的牛津，是个人情味很浓的温暖之地。邮差半路遇见他们，会亲自把他们家人从远方寄来的信交给他们；偶会有小孩子站在旁边，安静地等着，然后会很客气地向他们讨要中国的邮票；高大的、戴着白手套的警察，在傍晚会一路挨家检查各家的大门，看是否关好，若是有人家没关好，会客气地提醒。

他们自在地走在大街小巷上，或经过学院，或穿过郊区公园、教堂，或光顾店铺……每次"探险"，都收获颇丰。

他们爱极了这个小城。

回到老金家的寓所，他们会拉上窗帘，对坐读书，像极了宋代大词人李清照和丈夫赵明诚的“赌书消得泼茶香”，琴瑟和鸣。

随着时日渐长，老金家的伙食开始愈来愈糟糕。杨绛食量小还好解决，对于一直保持着过往饮食习惯的钱锺书简直是一种折磨了。他是任何洋味儿都不大肯尝试的，于是，凡是他能吃得下的，她就尽量省下一半来给他吃。许多时候，杨绛都觉得他吃不饱，也觉得如此下去不是事。

于是，她就想是不是可以租下一套独立的房子，这样他们可以自己做饭，情况会大大改观。钱锺书开始不大以为然，还劝她别这样做：“你又不会烧饭，老金家的饭至少是现成的。自己的房间还宽敞，将就着得过且过吧。”

她却不这样想，她觉得像老金家那样的饭菜她可以做得来，不会总可以学。于是，她就看着报纸上登的广告，一人去找房子，只是找了几处，都在郊外，太远，不甚理想。

也真是“有心栽花花不开，无心插柳柳成荫”，某天他们散步时，她发现了一处高级住宅区贴有一个招租广告。只是，等到她再去时，竟然不见了，她不死心，便独自壮着胆子去敲门。房东竟然开了门，打量了她一番后，便带着她上楼去看房子。

房子很不错，一间卧室，一间起居室，还有取暖的电炉，而且房子前面还有一个大阳台，站在阳台上能看见下面大片草坪和花园，风景极美。

对这套房子，杨绛很满意，在问明了租赁条件后，第二天就带着钱锺书一起去看房。

锺书看了房子也喜出望外，这个地方不仅地段好，离学校和图书馆都很近，而且过街还有公园，最主要的是租金跟老金家差不太多，在他们的预算之内。当下，他们就和房东签了合约。

房东是达蕾女士，一个爱尔兰的老姑娘。

大约在那一年的新年前后，他们搬进了这所房子。能拥有一个完全独立的空间，对于他们而言，实在是一件欢欣不已的事情。

生活因这样一个独立的空间，添了几分新意。

新的房间里有一整排崭新的衣柜，衣柜上有很多抽屉，还可以租到房东达蕾女士的日用家具，比如厨房用具，电灶、电壶、刀、叉、杯、盘、锅等，可谓样样俱全。

第一天，他们搬完家后，就做了一顿晚餐，虽然不丰盛，但是可以吃饱，并且有自给自足的满足。

第二天，钱锺书给了杨绛一个巨大的惊喜。他一直很清楚，杨绛身处异乡很想家，想家里的亲人，所以，他想给她安慰，用自己特殊的方式——在黎明还未真正来临的时候，他悄悄地起来，用租来的灶具，亲手为杨绛准备了一顿丰盛至极的早餐，做好后整齐地放在小桌子上，然后走到还在熟睡的杨绛跟前，轻轻地将她叫醒。

这对于思乡情切的杨绛而言，绝对是无法形容的感动。这一桌丰盛的早餐出自一向"拙手笨脚"的钱锺书之手，如果不是亲眼看见，绝难相信。而且，最重要的是做得很好，味道极佳不说，搭配亦十分营养，有黄油，有果酱，还有蜂蜜。这是她从未曾吃过的早餐，并且受到如此温暖的服务，不能不令人动容。如果换作我们遇到这样一个贴心的人，我们也会像杨绛先生一样感动不已。

世间女子再怎么贤良淑德，或者再怎么争强好胜，心底也还是渴望得到一个良人的贴心。

钱锺书真是体贴入微，不仅做了丰盛的早餐，还把用餐小桌支在床上，把美味的早餐放在上面后，才叫醒的杨绛。

当杨绛坐在床上享用完这顿充满万千爱意的早餐后，心里满满都是幸福，忍不住对他说：“这是我吃过的最香的早饭。”这番话是最美的情话，听得他笑意盈盈。

爱的美好时刻，还有无数。

在这个美好的空间里，他们时常展开读书竞赛，比谁读的书多。通常，杨绛和钱锺书两人所读的书册数不相上下，不过比赛过程令人心生暖意，读读写写，嬉嬉闹闹，日子从指缝间悄然溜走，留下无数悠悠情趣，如何不羡煞世人？

后来的日子，更是暖意无限，美好无限。

在这个独立空间里，在这座有厨房的房子里，他们过起了最寻常不过的小日子。天天吃西餐吃到让钱锺书生腻，这让他对中国菜极为怀念。某天，他表示想吃红烧肉。对烹饪一窍不通的杨绛，竟然在同为留学生的好友俞大缜、俞大絪姊妹和其他男同学的一起协作下做起了红烧肉。尽管大家都不在行，然而跟从没做过任何饭菜的杨绛相比，他们还是“行家”。他们教杨绛把肉先煮开，然后倒掉脏水，再加生姜、酱油之类的佐料加水炖煮。只可惜，中国的食材在那里简直是稀缺物，更要命的是酱油不鲜，苦咸苦咸的；火力也不足，开足了电力煮了又煮，却是无论如何都不烂。结果，红烧肉没烧成功。

不过，由于杨绛对钱锺书的爱太细腻太浓厚，这些困难都不足以让她止步。她重新买了肉继续研究怎么做。她觉得不应该学不会，也不会学不会。想着想着，她竟然想起了母亲做橙皮果酱时的“文火”

熬制法。她还买了一瓶雪利酒来当黄酒用，解决了之前佐料的不正宗和稀缺的问题，做出来的红烧肉味道竟然很棒，钱锺书吃得像个孩子一般快活。

有了这一次的成功，杨绛自然添了几分自豪感和信心。渐渐地，她在厨艺的这条道路上走得越来越远，路也越来越平坦。

她不仅悟出了许多做菜的学问，还将做红烧肉的方法延伸到其他食材上去。从此，她研究出很多特有的菜，并且这些菜还很受钱锺书的赞誉，每次他都吃得意犹未尽。

不过，有一样食材是她始终“驾驭”不了的，那就是“活虾”。第一次，她因为之前见家里人收拾过，便很在行地对钱锺书炫耀说：“得先剪掉须须和脚。”可是，真弄的时候，刚刚剪一下，虾猛地在她手中一动，把她吓得将虾和剪子都扔了，逃了出去。钱锺书看着狼狈的她，问道：“怎么了？”她如实说：“虾，我一剪，痛得抽抽了，以后咱们不吃了吧！”钱锺书听后大笑，便跟她解释说，虾不会像人这样痛，反正他还是要吃的，那以后便由他来剪，杨绛来做。

时间一久，杨绛就开始不喜欢每天做饭了，她觉得这样很浪费时间，还很麻烦，竟然痴人说梦般地对钱锺书说，要是可以不吃饭多好。因为她这话，钱锺书真的试图寻一个“辟谷”的方子来用，看是否可以像神仙一样不吃不喝，仙风傲骨。他是真的心疼夫人了。他还为此赋诗一首：“卷袖围裙为口忙，朝朝洗手作羹汤。忧卿烟火熏颜色，欲觅仙人辟谷方。”读来，情意缱绻。

结果可想而知，肯定是以失败告终了。哪里会有不吃饭这样的神功？戏说的而已。

如此相亲相爱、相知相伴，他们可谓婚姻里的最佳伴侣、最佳榜样。

他们从大学相识、相恋，到成为终生伴侣，接下来共赴患难，一直到钱锺书先生只身先去，在半个多世纪的漫长人生里，他们不管经历的是惊涛骇浪，还是命运的无理摆布，始终休戚相关、荣辱与共，一起携手共度大半生。

曾经，杨绛读到英国传记作家概括的最理想的婚姻的句子：“我见到她之前，从未想到要结婚；我娶了她几十年，从未后悔娶她，也未想过要娶别的女人。”于是，便念给钱锺书听，钱锺书当即回她：“我和他一样。”

杨绛也回答道：“我也一样。”

这样两个人，将“在天愿作比翼鸟，在地愿为连理枝”的佳境诠释得淋漓尽致。

婚姻最美好的样子，就是他们这般吧。

女儿

在英国留学期间的杨绛和钱锺书，在美好的岁月里迎来了他们的孩子。

当杨绛发现自己怀孕之后，告诉钱锺书，钱锺书喜出望外，久久没有回过神来。

两人既兴奋又紧张，钱锺书更是痴人一般地嘱咐杨绛："我不要儿子，我要女儿——只要一个，像你的。"到底需要多深的爱情，才能生这般的痴心呢？不过，杨绛的心里对于"像我"并不满意，她想要的是一个像钱锺书的女儿。

当彼此深爱时，都希望可以多一个人来陪伴他们的生活，眼眸所见都是另一个他（她）。

起初，杨绛以为可以对怀在肚子里的孩子不予理睬，让它自由生长。不想，她得将全部的身心贡献给这个孕育中的宝贝。

也是，十月怀胎，需要动用的是全身心的骨血、精气神。

对怀孕的杨绛，钱锺书呵护备至，不但承担了大部分家务，而且早早地陪着她到牛津妇产医院认真地进行了检查，当时就预订好了单人病房用来生产，并且特意请来了女院长介绍专家医生。

女院长出于礼貌和对东方人对于大夫性别的考虑，便问了句："是不是一定要女大夫？"没想到，钱锺书回答的竟是："要最好的。"

女院长当即就对他生了刮目相看之心，于是，给他介绍了家的位置距离他们住的公寓最近的斯班斯大夫。

检查的结果，预产期是在乔治六世加冕大典前后。为此，斯班斯还很兴奋地说，如果赶到了那一天，那就是"加冕日娃娃"了。当地的人们对英国皇室十分尊重和喜爱，生"加冕日娃娃"更是一种荣幸。不过，作为一个异国他乡之人，他们俩都对这个"加冕日娃娃"的光荣不是特别感冒。事实上，连他们还未出生的女儿也对此不感冒——过了加冕大典快一周了，还不见要出生的动静。

5月18日，杨绛终于有了即将分娩的迹象，钱锺书急忙把她带到医院。可是，到了医院，杨绛身上的阵痛才过了一会儿就不那么强烈了，到下午竟然没了临盆的迹象。一直折腾到19日，才又有了临盆的征兆，只是任凭杨绛怎么用力，就是生不出来。无奈之下，为了确保孩子和大人的安全，医生为她注射了麻药，进行了人工助产，杨绛这才生下了孩子，是个女儿。

杨绛醒来后浑身痛得不能自已，于是问身边的护士怎么回事，才得知自己生产的艰辛和惊险。

那天，女儿出生的时候已经浑身青紫，护士不停地拍打她的身体，直到她“哇”的一声哭出来。据说这个孩子是在牛津出生的第二个中国婴儿，所以医院上下都对她极为喜欢。当护士抱着女儿让杨绛看时，杨绛还未十分清醒，身体虚得无法言语，接着就又昏昏睡去。

这天，钱锺书来来回回四次看望杨绛。第一次来，得知生了个女儿，不过医院不让他和夫人见面。第二次来，知道夫人上了药，还没醒。第三次来，见到了夫人，但是夫人昏昏欲睡，无力和他说话。到了第四次，夫人才彻底清醒。这时，护士特地将女儿从婴儿室里抱出来给他看。

初为人父的他自是激动不已，仔仔细细地看了又看，看了又看，然后得意地说出了后来让女儿感激不已的话：“这是我的女儿，我喜欢的。”

当杨绛得知他是第四次来，并且是步行过来的，心里大为疼惜，怕他累坏了，便嘱咐他一定坐汽车回去，别再走着回去了，虽说路程不远，但是步行也要横穿几条街。

一个人过日子的钱锺书还是会出一些小状况。往往他会像个孩子一般，跑来医院将自己闯祸的过程向杨绛全部汇报，固定的开场语永远是那句："我做坏事了！"

第一次闯祸是打翻了墨水瓶，把房东家的桌布染了。

杨绛安慰道："不要紧，我会洗。"

他放心回去了，然后又来说自己"做坏事了"。这一次，他把台灯弄坏了。

杨绛问明是怎样的灯，他说了。于是，杨绛又安慰他说："不要紧，我会修。"然后，他又放心地回去了。

下一次来，他又愁容满面地向杨绛诉说自己把门轴弄坏了，门轴的门球脱落了一个，门不能关了。杨绛听后依旧说："不要紧，我会修。"这次，他自然又放心地回去了。

杨绛说出的这三个字"不要紧"，对于他无异于"定海神针"，他听后无任何异议，真的就放心了。之所以如此，是因为杨绛真的可以做到，只要她说"不要紧"，就真的能解决。之前，他们到伦敦去"探险"时，他的额骨上生了一个疔，好久都不见下去，他因此有了心病。杨绛见状便安慰他："不要紧，我会给你治。"

果然，杨绛从一位英国护士那里学会了热敷，每过几小时就给他热敷一次。没过几天，他头上的疔真的随着热敷的纱布连根拔掉了，并且一点痕迹都没留下。

后来，一听到杨绛说"不要紧"，钱锺书自然会百倍放心，最主要的是杨绛确实做到了。回到家后的杨绛把桌布洗干净了，把台灯修好了，把门也修好了。在钱锺书的眼里，有杨绛在的家才像家。许多时间里，他将自己沉溺在她的爱里，像孩子一般。

杨绛不仅聪慧贤明，在婚姻里更是充满了智慧。

她爱钱锺书，也包容他的缺点，从不试图去改变他。后来相伴的63年岁月，她也是如此，从未拿任何家务事去烦过他。即便有麻烦，只要自己能解决掉的，都不会告诉他。她的爱促使她只分享幸福于他，烦恼尽交付自己，因为深知幸福分享会获得双倍的甜蜜，而烦恼并不会因两个人一起分担而变得更少。反之，常常会徒增焦虑和争执。

世间有无数的爱情从童话走向怨恨、万劫不复，多是因为其中一方甚至双方寄希望于永恒的快乐，于是幽怨暗生，争执亦多，直至走向破碎的结局。

杨绛早已看透这些相处之理。

在婚姻爱情里，她始终清醒自省，有无孩子在他们中间，她都一如过往地“珍惜得到的每一分，而那些没有得到的，皆是本应与自己无关的”。

生孩子时兵荒马乱，坐月子的时候倒还好，因为身体的原因，杨绛在医院里住了三周多，几乎把月子过完了。

一般人住单人房，也就住一个星期或十天左右，住普通病房的则只住五到七天。在这里，床位是有限的，单人房更少，是不欢迎久住的，要不是每次杨绛将出院又生事故，也不会住这么久。那时，产院破例让她当了一个很特殊的病号。

她住的单人房间在楼上。天气晴朗的时候，护士会打开落地长窗，然后把她的床位拉到阳台边。护士的服务很周到，不过，她还是很羡慕普通病房里的妈妈。那时，护士曾让她乘电梯下楼参观普通病房，一个房间里能有30多个妈妈和30多个孩子。

在那里，她看到一个个孩子剥光了衣服过磅，然后一个个洗干净了又还给妈妈的过程，很是羡慕。因为每个孩子都躺在睡篮里，挂在妈妈的床尾，而她只能听到阿圆的哭声，只有在阿圆吃奶的时候护士才会定时抱过来，吃饱之后又抱回婴儿室。婴儿室有专人看管，不穿白大褂者不准入内。更多的时候，她非常想念自己的孩子。

在这里，令人喜悦的是，他们这对初为父母的人跟着护士学到很多照顾孩子的方法，比如换尿布、喂奶等，护士们更是热心地教他们怎样给孩子洗澡穿衣。

在这里，护士们都很喜欢这个“东方女婴”，她们给她这个幸运活下来的中国宝宝取名“Miss Sing High”，后来这个贴切的昵称一直沿用下来，译为“高歌小姐”，也音译作“星海小姐”。

小一个月的时间过去，他们竟也做得有模有样了。就这样，月子差不多做完，该学的差不多都学会了，她才出院。

出院那天，钱锺书专门叫了汽车接她们母女。回到寓所，呈现在杨绛眼前的是一个天大的惊喜。原来，拙于生活技能的钱锺书早早为她炖了鸡汤，还煮了剥好的碧绿的嫩蚕豆盛放在碗里，煞是好看。杨绛吃了之后，感觉味道极好。被这样体贴着，杨绛不由得生出感叹：钱家的人若知道他们的“大阿官”能这般伺候产妇，不知该多么惊奇。

他们如此恩爱，不得不让人对“愿得一人心，白首不相离”的笃定和美好坚信不疑。

接下来，他们这对新手父母开始在家里抚养女儿。那时，钱锺书还在准备自己的论文答辩，时间非常紧迫，却没有因此有丝毫怠慢她们母女，总是尽可能地抽出时间来照顾他们。他们都十分疼爱这个女儿，但他们都太忙了。曾经发生过这样一件事：那时国内的家人收到这个出生不久的婴儿的照片，竟发现她睡的“摇篮”是一个书桌的抽屉，由此可见当时的他们有多忙碌了。

尽管他们夫妇的生活忙乱，但钱锺书时不时流露出的“痴气”还是为生活平添了无数欢乐。某一次，他午睡，杨绛临帖，写着写着，困劲上来了，于是趴在桌上睡着了。一会儿钱锺书醒来，看到睡着的杨绛，顿时起了恶作剧的心，于是饱蘸浓墨想给她画个大花脸，不料刚落笔，杨绛就醒了。

即便这样，杨绛还是因为他这恶作剧吃了“小苦头”，因为杨绛的皮肤很嫩，竟然比宣纸还吃墨。为了洗净墨迹，脸都快被洗破皮了。为此，钱锺书像个做错了事的孩子，之后再也不敢搞这样的恶作剧了。无聊至极时，他就改画杨绛的肖像，在上面再添上眼镜和胡子，聊以过瘾。

钱锺书的父亲钱基博为他们的女儿取了名号“健汝”，因属牛，还起一卦“牛丽于英”，以号“丽英”。不过，他们夫妇俩并不喜欢这个“美丽”的号，觉得拗口。于是，给她取名钱瑗。后来，又取了种种诨名，其中“圆圆”最顺口，后来他们也叫她“阿圆”或者“阿瑗”。

对于女儿阿瑗，钱锺书爱意满满。杨绛则说女儿是自己平生唯一的杰作。

不过，阿瑗的存在，并没有使得钱锺书对杨绛的爱少一丝一毫，反之，他对她更为珍爱。在阿瑗懂事后，每逢生日，他总要说，这是“母难之日”；他也没再要第二个孩子，他对杨绛说：“我们如再生一个孩子比阿瑗好，我们就要喜欢那个孩子，我们怎么对得起阿瑗呢？”

事实上，他是实在不忍心杨绛再承受生育的艰辛和痛苦了。

在那个没有计划生育的年代，他们一生只有阿瑗这么个女儿。

故里

不久，钱锺书完成了自己的论文答辩，顺利地获得牛津大学的学位，一切看起来都很圆满。

随后，他告别牛津好友，带着行李，一家三口前往法国巴黎。

一直以来，杨绛的兴趣点都在法国文学上，所以在牛津大学的最后一年，他们就请友人为他俩在巴黎大学注册了。于是，等到钱锺书一毕业，他们便结伴来了巴黎。

此时，正值他们的女儿阿瑗大概出生一百天之际。他们从牛津乘火车到达伦敦。一路还算顺利，那时小小的阿瑗穿着长过半身的婴儿服，漂亮得像个瓷娃娃。一位从伦敦上车的乘客细细地端详着熟睡的阿瑗，忍不住一语双关地说道“a China baby”（一个中国娃娃），也可解作“a china baby”（一个瓷娃娃），大意是称赞阿瑗肌肤细腻，像瓷。这番话使得杨绛颇为得意。

那时，钱锺书还不大会抱孩子，所以，他负责全部的行李，阿瑗则由杨绛抱着，实在抱不动的时候才和他换换手。

当他们乘坐渡轮抵达法国加来时，发生了一件令人愉悦的事情。那时港口管理人员上船看见了抱着婴儿站在人群中的杨绛，便立即请她出来，让她抱着阿瑗先下了船。如此，杨绛得以第一个到了海关，悠闲地将行李一件件领到，钱锺书随后也到了。海关人员对他们怀中抱着的“中国娃娃”十分喜欢，都争相过来端详，行李一件都没有查就笑嘻嘻地一一画上了“通过”的记号。

从此，杨绛对法国人生了无数好感。

与牛津大学相比，巴黎大学的历史更悠久，足足早了一个世纪。不过，令人欣喜的是，它的学风比牛津大学宽松自由得多。

他们租住的公寓的主人叫咖淑夫人，是一位退休的邮务员。退休后，她用退休金买下一幢房子用来出租，并且兼供部分房客的一日三餐。她的手艺很好，做菜特别好吃，并且每餐都很丰盛，伙食费还很便宜。每天吃饭都有十几人，大家围坐在一起很热闹。不过，时间久了，他们俩觉得吃饭有些耗费时间，毕竟他们一向最珍惜时间。正好租的房间里有厨房，于是他们就不再吃这个“集体饭”。

巴黎的生活比牛津的生活有意思多了，当时的华人很多都在巴黎市区活动，在大学或者公寓附近总会遇到华人，甚至是相熟的人。当时，他们新认识了许多朋友，大家经常往来，彼此像亲人一般相互照应着，生活在异乡的相思之苦就少了许多。

为了能有更多时间学习，他们本来想可以像当时许多有孩子的家庭那样，把孩子送到托儿所去照看。不过杨绛向一个朋友打听后便打消了这个念头，因为小朋友送到那里要很规矩地生活，包括吃饭、喝水、睡觉等一系列的日常活动都要按照规矩来。杨绛觉得让孩子如此生活太令人心疼，也太舍不得，于是还是决定把孩子带在身边。

租住的公寓里，正好有个邻居的太太很闲，当公务员的丈夫早出晚归，他们也没有孩子，杨绛便常常把阿瑗抱过去玩。有那位太太帮忙带看，杨绛省了不少精力出来。阿瑗也喜欢让邻居太太带，不哭不闹，相处得很融洽。很多情况下，他们都有课或者忙不开的时候，那位太太就帮忙带着阿瑗，帮了他们不少忙。杨绛付了些报酬给她，以示感谢。

在巴黎的生活，对于他们夫妇二人而言可谓自由自在。钱锺书很快通过了牛津的论文考试，如释重负之余，他觉得为一个学位赔掉那么多时间，很不值得。于是，他不再想花更多的时间在攻读这“有用”的什么学位上，而是将精力逐步用在“无用”的文学知识上，渐渐地，他这种思维也影响了杨绛。因此，他们虽然继续在巴黎大学交费入学，却只按着自定的课程来读书。

白天除了上课外，他们经常会结伴出去到咖啡馆小坐一会儿。他们注意从社会中学习语言和汲取知识，有时他们还会一起逛逛旧书肆。到了晚上，则多数是回到公寓，像过往一般发愤读书，不亦乐乎。

在巴黎的这一年，钱锺书获益良多。他下功夫扎扎实实地读书，从15世纪的诗人维容开始读起，到18世纪、19世纪的名家，一个个地读。从法文到德文、中文、英文、意大利文。可以说，这一年是钱锺书最恣意读书的一年。当初，他们同到法国，一起读福楼拜的《包法利夫人》时，他的生字比杨绛多，但一年之后，他的法文水平则远远超过了她。可见，这一年对于他的一生多么重要。

对于杨绛，也是如此，留学法国巴黎的这一年，使她更深入地了解了欧洲各国的文化习俗、风土人情和语言特性，更为她掌握多种欧洲语言提供了实地考察、运用和体味的便利条件。

想来，看书这件事或许有遗传。他们日渐长大的女儿阿瑗刚刚能坐稳当，就像大人一样拿着一本硕大的书，学着他们的样子，一面看书一面在书上画。

女儿明明如此乖巧，钱锺书却曾经在写给朋友司徒亚的信上形容女儿顽劣，这实则是钱锺书对女儿溺爱的夸张形式。杨绛曾为此说过："其实女儿很乖。我们看书，她安安静静自己一人画书玩。有时对门太太来抱她过去玩。我们买了推车，每天推她出去。她最早能说的话是'外外'，要求到外边去。"①

其实，每个孩子都是父母眼中的珍珠、手中的宝贝。无论对孩子多么呵护，都觉得不够。

那时，阿瑗吃得胖嘟嘟的，小身体十分结实，用杨绛的话来形容，"很快地从一个小动物长成一个小人儿"。

杨绛曾仔细看过阿瑗的小手小脚，粉嫩嫩的，胖乎乎的。阿瑗更多的是像爸爸，连手脚的骨骼都很像。钱锺书对女儿喜欢得不能自已，经常看看这里、亲亲那里，总觉得爱不够的样子，而且经常去闻闻她的小脚丫，然后装出恶心要吐的样子。

在这样的时光里，他们的生活全是喜悦与美好。

① 出自杨绛《我们仨》，生活·读书·新知三联书店，2003年版。

在巴黎的那些日子里，杨绛一直没有荒废自己的写作，写出了很多优美的文章。

其中，《阴》就是一篇至为优美的散文，字字句句尽显功底，素淡中见意蕴悠远，落笔虽淡却见动情，且看她笔下的气象万千：

> 一棵浓密的树，站在太阳里，像一个深沉的人；面上耀着光，像一脸的高兴，风一吹，叶子一浮动，真像个轻快的笑脸；可是叶子下面，一层暗一层，绿沉沉地郁成了宁静，像在沉思，带些忧郁，带些恬适。松柏的阴最深最密，不过没有梧桐树胡桃树的阴广大。疏疏的杨柳，筛下个疏疏的影子，阴很浅。几茎小草，映着太阳，草上的光和漏下地的光闪耀着，地下是错杂的影子，光和影之间那一点儿绿意，是似有若无的阴。[①]

① 出自杨绛《杂忆与杂写》，生活·读书·新知三联书店，2010年版。

由景及人，丝丝入扣，似写意，又似工笔，足见杨绛出手不凡，她的文学事业已然起步，且起点不低。

不过，生活和学业的丰盈却愈发地让人思乡情切。

她虽然经常给家人写信，也会收到家里的回信，然而，千里迢迢，一来一回，路途上耽误的时间过长，往往收到信时，去信已寄去好些日子了。久而久之，回信已无法安慰她在异国他乡的灵魂，而且在她生完阿瑗不久，这回信就莫名中断了，好久都没有家里的消息。

后来，他们俩才在报纸上看到国内许多地方都沦陷了，包括他们的家乡。杨绛开始担心起来，不知道故乡的亲人有没有遭遇危险，加之苦苦联系不上，她开始慌乱起来。还好，没多久她终于收到了三姐的来信。三姐的信中说，父亲已经带着家人来到了安全的上海，让她安心读书。

杨绛和钱锺书带着孩子迁居法国后，大姐也来过几次信。不过，杨绛总觉得缺少了一个声音，怎么妈妈不说话了？过了年，大姐才告诉她：妈妈已于去年11月间逃难时去世。

得知母亲去世，杨绛不胜悲痛，她曾在回忆文字里表达过：“这是我生平第一次遭遇的伤心事，悲苦得不知怎么好，只会恸哭，哭个没完。锺书百计劝慰，我就狠命忍住。我至今还记得当时的悲苦。但是我没有意识到，悲苦能任情啼哭，还有锺书百般劝慰，我那时候是多么幸福。我自己才做了半年妈妈，就失去了自己的妈妈。常言‘女儿做母亲，便是报娘恩’。我虽然尝到做母亲的艰辛，却没有报得娘恩。”①

而父亲在母亲去世之后，再没有给杨绛来过信，这更让远在他乡的杨绛因过于担心父亲而寝食难安。

那是个乱世。在战事的纷乱中，钱锺书一家也没有幸免，于颠沛流离中辗转多地，最后躲在亲戚家，才算暂时逃过一劫。

几番思量后，杨绛和钱锺书决定带着孩子回国。

原本，他们可以多待一些时日，他们也很喜欢巴黎的氛围。然而，第二次世界大战的阴影层层笼罩，加上日军的侵略，致使国难当头。在祖国的召唤下，他们便决定摒弃这里的一切，收拾行囊准备回国了。

最后，他们中断了学业，匆匆踏上了归国之途。

杨绛在《我们仨》中曾经如此写道：“我们为国为家，都十分焦虑。奖学金还能延期一年，我们都急要回国了。当时巴黎已受战事影响，回国的船票很难买。我们辗转由里昂大学为我们买得船票，坐三等舱回国。那是一九三八年的八月间。”

钱锺书则赋诗一首《哀望》，以此表达他们此时此刻的心境：

白骨堆山满白城，

---

① 出自杨绛《我们仨》，生活·读书·新知三联书店，2003年版。

败亡鬼哭亦吞声。
孰知重死胜轻死，
纵卜他生惜此生。
身即化灰尚赍恨，
天为积气本无情。
艾芝玉石归同尽，
哀望江南赋不成。

虽然他们人在国外，但心早已回到了故国。他们时刻思念着祖国，思念着自己的亲人。

在他们心中，故国家园才是让他们魂牵梦绕的根。

孤岛

1938年9月，杨绛和钱锺书告别了法国的友人，乘坐法国邮轮“阿多士Ⅱ”号回国。

三年前，他们乘坐邮轮到英国时，伙食非常好。这次他们乘坐的邮轮上伙食差太多，或许是因为战乱物质匮乏，或许是其他原因。总之，他们预估错了船上的伙食质量，导致阿瑗吃了不少苦头。

那时，女儿阿瑗刚刚断奶两个月，由于置备的奶制品、辅食数量有限，没几天就吃完了，后来的20多天几乎顿顿吃土豆泥。上船时，阿瑗还是个胖嘟嘟的孩子，下船时却成了个十分瘦弱的孩子。对于如此情形，杨绛自责得不得了，悔恨自己的疏忽，要是多带点奶制品，也不会让女儿跟着吃这苦头。

在船上时，他们还巧遇了外交官、诗人冒效鲁，他们一见如故。

当年冒效鲁还吟诗一首描绘他们的状态：

凭栏钱子睨我笑，
有句不吐意则那。
顾妻抱女渠自乐，
丛丛乱发攒鸦窠。
夜深风露不相贷，
绿灯曼舞扬清歌。
喧呶聚博惊座客，
倾囊买醉颜微酡。

因为思乡情切，他们在颠沛中劳累不堪。那时，杨绛怀里抱着婴儿，钱锺书则满头乱发，似乌鸦做的窝。为了回国，为了早日见到亲人，他们在路上已然憔悴不已。

经过多日颠簸，“阿多士Ⅱ”号邮轮终于抵达香港。钱锺书先只身上岸，他要乘船辗转到达昆明的西南联合大学。原来，在他们决定回国之初，钱锺书就提前联系了国内的同学和老师，希望找一份工作来保障一家人的生活，毕竟一回国凡事都要重新来过，一份稳定的收入是安定的保障。令人喜悦的是，信件一发出，就收到了很多回执，其中西南联合大学文学院院长冯友兰的邀约最入他心。

对于西南联合大学，他有着深深的情结。抗日战争爆发后，北京大学、清华大学、南开大学这三所大学南迁至昆明，组成“西南联合大学”。西南联合大学对他十分重视，别人留学回国一般是先当讲师，然后慢慢晋升，才有机会当教授，而他去了直接可以做教授，薪水也很高，300元一个月，这在当时十分可观。

所以，他一回国，就先奔赴西南联合大学了。

望着钱锺书只身远去的背影，杨绛十分不放心，阿瑗也望着爸爸远去的背影直发呆，杨绛的心里当时五味杂陈。

乱世里的人生，就是这样让人心生恐慌。

杨绛继续带着女儿北上，她要到上海去见日思夜想的父亲。当船行到上海，钱锺书的弟弟将他们先接到了钱家。当年钱家已经住在拉斐德路（今复兴中路）了，抵达时已经是黄昏时分。于是，杨绛在钱家待了一晚，第二天就带着阿瑗到父亲住的地方去了。

彼时的上海已然成为汪洋大海中的一座“孤岛”，即便幸存，也时刻有被吞噬的危险。那时，国民党已经撤出上海，日军在全面侵略上海后大军驻守，处处设卡，只有少数地方相对安全，就是英、美、法等西方国家在上海的公共租界。

因为战乱，这样的“孤岛”成了来自天南海北的人们的避难所，房子自然成了最紧俏的资源。钱家住的那几间小房子是花了很大价钱“顶”来的，房子里住了不少人，杨绛带着阿瑗回来，也只能跟弟媳妇和她家的儿子挤在一个房间里。

父亲那里还好，住的是本来就生活在上海的三姐家，地方比较宽敞。时隔无数个日夜，她终于见到了父亲。一见面，她深感沧海桑田。父亲老了，精神不似过往，整个人都显得十分疲惫。后来她才得知，父亲自从母亲离世后再无法入眠，于是每日都要服用安眠药才可入睡。

相逢总是喜悦的，尤其是在这兵荒马乱里还可以团聚，实属不易，父亲的喜悦溢于言表，加之还多了一个可爱的孩子。他很想女儿和外孙女一直陪伴在自己身边，但因为是寄居在三女儿家，他当时并没有留杨绛和阿瑗长住，而是过了不久便花了大价钱临时租了个房子，只为让杨绛和外孙女陪在自己身边久一些，再久一些。

杨绛自然明白父亲的用心良苦，不过，她知道自己毕竟是钱家的媳妇，长住娘家毕竟不好，于是时常带着阿瑗在钱家住几天，再在父亲家住几天。

好在两家离得并不远，即便是在钱家住的时候，每日里她也会到父亲那里转一下。三姐和七妹也经常回来小住，一家人时常聚在一起，让父亲高兴不已，常常合不拢嘴地说：“现在反倒挤在一处了！”其实，他心里巴不得所有儿女都和他一起住。

因为杨绛回来，他一改往昔的颓废，把长长的胡须剃掉，并且开始戒掉安眠药，神色渐渐好起来，不久还去了震旦女子文理学院教一门“诗经”。

这乱世“孤岛”的生活，虽然清苦寂寞，不过杨绛却备感满足。她曾说：“我们不论有多少劳瘁辛苦，一回家都会从说笑中消散。”

诚然，人最大的快乐，全然来源于亲人、爱人的陪伴。

回到上海不久，杨绛接到了母校振华女校校长王季玉的邀约。王季玉校长亲自找上门来，和她商议在租界开办振华女校上海分校的事宜。

原来，苏州沦陷，振华女校被迫关闭。为了筹建振华分校，王季玉已经奔波了很久。在即将开学之际，她特意来到杨绛的家里，邀请杨绛来任校长一职，她始终认为校长之职非杨绛莫属，为防杨绛拒绝，她说已经到教育局立案了。

对于这个校长，杨绛是真不愿意当的，父亲曾经对她的影响，一直留在她的心底：做什么也别做官。

这是父亲的教诲，也是她在耳濡目染之下得到的教训，父亲多年为官遭遇了不少不公之事。所以，她一直坚守着做专家也不做官的原则，连大学系主任都不愿意做，安心做学问最好。

为此，她专门请教了父亲。没想到，父亲对此事却十分地支持，说此事可做。或许是他了解振华女校的情况，也更了解季玉先生的人品。

经过一番深思熟虑后，加之恩师的盛情难却，杨绛便勉为其难地出任了校长一职。对此，她自谓好比“狗耕田”当了这校长。

学校的牌子很快就挂上了，不久举行了开学典礼，学校开始招生开学了。父亲还专门为她推荐了几个老师，加之自己找了几个老师过来，各个学科的老师也基本齐全了。她自己也兼任了高三班的英语老师。

所谓“干一行爱一行”，自做校长以来，她将全部心力都投入到经营学校上来。对于女儿，她有不少亏欠，对她的陪伴真是少之又少。另外，她还要给一个富商的孩子补习功课来贴补家用，忙得不可开交。对年幼女儿的陪伴，她更多的是抽出一会儿工夫，来给她唱个童谣。还好，表姐家的女儿正好跟阿瑗年岁相当，两个孩子经常一起玩耍，这使得女儿少了一份寂寞，多了一份欢愉。

女儿阿瑗也真是乖巧，长得又惹人喜欢，深得大家庭里所有人的怜爱。时常，杨绛认为阿瑗之所以得到大家的怜爱，是因为她通晓道理，小小年纪不仅能说会道，还可以管束住自己。她们刚回上海的那年冬天，阿瑗出了疹子，来年春天又得了场病，因而肠胃尤其虚弱，一旦吃得不对付就会拉肚子。而她竟能将妈妈叮嘱她的做到，对于一个年纪尚小的孩子来说，这实属不易。要知道，她可是每次都只看着大家吃，一个人静静地待着，不哭也不闹。

这样的阿瑗，如何不招人怜爱呢！

那时，表姐家的女儿已经在读书，阿瑗就经常坐在对面听。有一次，杨绛发现阿瑗看着小表姐手中的书出神，原来是一套《看图识字》的书，于是她也给阿瑗买了一套。没想到当时仅两岁半的阿瑗居然可以认识每一个字，只不过是拿着书倒着念的。后来杨绛才想明白是怎么回事，原来，阿瑗是坐在对面看和听小表姐念书的，看到的全都是倒字，记住的是发音。

大家知道后，便赶忙教阿瑗认字。阿瑗不愧是两大学者的孩子，完全遗传了父母的智商，认字学字又快又好，学过还不会忘。

这样的阿瑗大家都爱哄她，外公更是对她宠爱不尽，就像对小时候的杨绛一样，爱意总是比对其他人多。这么多年，这么多兄弟姐妹，还没有谁能跟父亲睡在一起，只有阿瑗有此待遇。当时，他睡的床只比单人床大那么一点点，但是他仍执意要阿瑗和他一起睡。这还不够，他还将自己的一个宝贝给阿瑗用，那是一个台湾席子包的小耳枕，是杨绛的母亲在世时特意为他做的。“温暖”牌的枕头无比贴心，中间留了个小窟窿，是专门放耳朵的。母亲去世后，父亲一直将其视为宝贝，然而他却特意给阿瑗用，可见他对阿瑗的喜爱。

看着阿瑗，他总是笑意盈盈，怎么看都觉得看不够。

阿瑗走路的样子像极了锺书，后来杨绛发现阿瑗看书识字的样子也跟锺书一样。要知道，在阿瑗这些重要的成长时期，钱锺书并没有多少时间陪伴在她身边，远在西南联大教书，即使回来也是时间紧迫，更没有工夫翻书。对此，杨绛常常觉得既惊奇又有趣，也不得不感叹遗传基因之强大。

阿瑗认识许多字的时候，杨绛就为她买了许多带插图的小人书。她总是读得很快，不多时就翻完了。于是，杨绛不得不特意为她挑选长些的故事。有一次给她买了一套三册的《苦儿流浪记》，阿瑗刚刚看了开头就伤心地哭了起来，她被故事里的苦儿给弄哭了。杨绛给她解释说，这是故事，而且到结尾时苦儿就不那么苦了，也不流浪了。但无论杨绛怎么说，她还是一看到那三本书就开始大哭，大滴大滴的眼泪往下掉，煞是令人心疼。

阿瑗看书痛哭这一点，也像极了她的爸爸。钱锺书每次看到书上可笑处，就会痴笑个不停，虽然没有谁看到过他看书流泪，想必他看到可悲处也会伤心不已，只是不轻易流露出来。

那段时日里，杨绛因为工作的缘故，对阿瑗疏于照顾和陪伴。白天她出去工作，阿瑗就由外公或者阿姨带着；晚上她还要工作，改一大摞一大摞的课卷。阿瑗时常盼着晚上妈妈能陪她玩，于是伸出嫩嫩的小拳头对着母亲那大摞的课卷做捶打状，眼角含着一滴滴眼泪。杨绛见状，心里很不是滋味。

被杨绛疏忽了的，不只是身边的阿瑗，还有远在昆明的钱锺书。那时，钱锺书的课业并不是特别多，相对还是很清闲的。跟杨绛一起留学三年多的日夜厮守，早已让他习惯有杨绛在自己身边了，而今，自己只身一人在外，寂寞之余更多的是思念。于是，他将自己每天发生的事都一一记录在日记里，打算以后给杨绛看。他还常常写信给杨绛，只是收到的回信太少了，因为杨绛实在太忙，顾不得每次都回信给他。当他心里失落时，他曾写下“万念如虫竞蚀心，一身如影欲依形”①的苦涩。

不过，对于她的事业，他还是十分支持，毕竟一身才情的杨绛是可以为那时的社会贡献出不少力量的。

---

① 出自钱锺书《昆明舍馆作》，收录在《槐聚诗存》，人民文学出版社，2012年版。

叁

钱锺书终于有了回上海家中的假期，他发电报告诉杨绛，说自己不久就会回来。

钱锺书回到上海后，却发现此时钱家已没有他住的地方，因为拉斐德路的那几个房间早已被亲戚们挤得满满的了。杨荫杭得知此情况，便叫两个女儿跟自己挤一挤，把自己的房间让出来给钱锺书住。这个安排，让钱锺书感动不已，毕竟自己跟夫人分离太久，太想和她有个单独相处的地方了。

杨荫杭很喜欢这个女婿，跟他十分投缘，两人凑到一起相谈甚欢。某一天，杨荫杭还惊喜地发现了钱锺书和杨绛的共同爱好——都喜欢看字典，于是，便对杨绛说："哼哼！阿季，还有个人也在读一个字、一个字的书呢！"

钱锺书虽然住在杨家，但是他极为孝顺，仍会每天早上从杨家回到钱家，向家中的长辈们一一请安问好。那时，杨绛正忙于学校的事情，焦头烂额，没有办法陪他，他便自己来来回回。有一天，他回来时愁容满面，说父亲让他到湖南的蓝田国立师范学院做外文系的主任。原来，早些时候父亲钱基博应老友廖世承之邀，到蓝田帮他创建国立师范学院。父亲知道钱锺书来上海探亲，于是频发电报称自己年老多病，要他也去蓝田教书，这样可以一边授课一边照顾自己。恰巧廖世承也来了上海，于是到钱家反复劝说钱锺书去蓝田。

对于去蓝田，钱锺书是不情愿的，清华大学的那份工作他很喜欢，更何况机会难得，但是钱家上上下下都希望他能听从父亲这个安排。所以，他也不知如何是好了，回头来问杨绛的意思。

清华的那份工作，杨绛也不愿他放弃，更何况工作还没满一年，更不好辞职，便建议他向家人讲清楚不去的道理。对于这件事情，杨绛也一一向父亲杨荫杭说明，本想听听父亲的意见，没想到父亲听后脸上无任何表情，一言不发。父亲的沉默让她陷入深思，她终于明白，一个人的职业去处是一辈子的大事，当由自己来抉择，外人只能陈说自己的道理，却不应去干预。

于是，她陪钱锺书到拉斐德路，什么也没说，未曾给钱锺书在这件事上徒增任何烦恼。

在夫妻之道上，尊重是最重要的。杨绛在这一点上做得极好。

那年9月，钱锺书给清华大学外语系主任叶公超写了封信，把要辞去工作的事说明了一下，但并没有得到回信。10月初，他就和蓝田师院的新同事一起结伴出发了。钱锺书刚刚离开上海，杨绛就接到清华大学的电报，电报中问钱锺书为什么不回复梅贻琦校长的电报。可是，他们夫妇真的从未收到过梅校长的电报。

可能电报发送失败，也未可知。

这时，钱锺书正在赶路，杨绛只好把清华大学发来的电报转寄给蓝田师院，同时立即给清华那边回复了一份电报，说明未收到梅电等事宜。钱锺书看到她辗转寄来的电报时，已是34天之后了，他对梅校长更加满怀歉意。曾经，他被清华大学破格任用，现在他却有始无终，任职不到一年就辞职离开。要知道，他对清华那份工作有多么不舍。未能去报到任教，是多么的无奈。偏偏他还早离开了一天，连电报都没能第一时间看到，也未能第一时间回复说明缘由。

钱锺书对此十分懊恼。

与钱锺书告别之后，杨绛继续她的工作，继续做她的振华校长。振华女校一直维持到太平洋战争爆发而停办，杨绛的校长经历也因此而告一个段落。其实，在此期间她已数次想要辞职。

这一生中，杨绛做过的最大的"官"，便是这振华中学上海分校的校长了。

且以优雅过一生

杨绛传

与杨绛同时期的张爱玲如此写道："时代是仓促的，已经在破坏中，还有更大的破坏要求。有一天我们的文明，不论是升华还是浮华，都要成为过去。"

张爱玲亦写道："生在现在，要继续活下去而且活得称心，真是难，就像双手劈开生死路那样艰难巨大的事，所以我们这一代的人对于物质生活，生命的本身，能够多一点明了与爱悦，也是应当的。"

张爱玲在那个乱世里常常生出怅惘的忧惧来，也会在灾荒时流露出对生的爱意来。

跟张爱玲不同，杨绛对生活的态度则始终都是温和的。在那个时代里，她或许也目睹了人性的自私与险恶，却不曾忧患恐惧，即使后来再经历人世沧桑，她也无忧无惧。

倾谈五

笑对浮生，跋涉人间

灵魂

1940年秋末，杨绛的弟弟从维也纳医科大学毕业回国。此前钱锺书曾来信说，他暑假将回上海。

杨绛觉得家里挤，便在拉斐德路弄堂里租得一间房来等钱锺书来沪。

之前，父亲钱基博曾和钱锺书约定在蓝田教书一年后同回上海，可是一年后他却不想回上海了。于是，钱锺书便和徐燕谋结伴同行回上海，谁知路途不通，走到半路不得已又折回蓝田。

阿瑗随母亲搬出外公家时，外公十分不舍地挨在阿瑗身边说：“搬出去，没有外公疼了。”阿瑗听了大哭起来，大滴大滴的泪珠不停地滚落，把外公的麻纱裤的膝盖全都浸湿了。从未在人前落过泪的外公，也被她弄得落了泪。

令他们祖孙二人喜悦的是，钱锺书因故没能回成家，母女二人搬出去住了一个月，就把房子退了重新回到了外公家。

转眼到了1941年夏天，钱锺书总算经由陆路改乘轮船辗转回到上海。一路颠簸，他已面容黝黑，头发极长，穿一件样式很土的粗糙夏布长衫。见到阿瑗时，阿瑗对许久没见过的他有了戒备之心。即便他为女儿特意准备了一把外国椅子作为礼物，阿瑗仍警惕地看着他。在女儿的眼中，他已经全然是个陌生人。终于，在晚饭时刻，阿瑗对他说话了。

“这是我的妈妈，你的妈妈在那边。”她这是要赶爸爸走。

他只得尴尬地笑着说：“我倒问问你，是我先认识你妈妈，还是你先认识？”

“自然我先认识，我一生出来就认识，你是长大了认识的。”

对于阿瑗说出的这句话，杨绛惊奇不已。她一生里都记得女儿说的这句话。毕竟血浓于水，钱锺书不知在她耳边悄悄地说了句什么，阿瑗竟立即和他友好起来。之后，他们成了最好的“哥们”，杨绛却只能“退居二线”了。

钱锺书回来之后，阿瑗竟然淘气起来，常常和爸爸没大没小地玩闹，简直变了个样。她向来乖巧，虽然有人疼她、教她、管她，却未曾有一个可以跟她一起淘气玩耍的玩伴。钱锺书回来后，给了她一段快乐的童年时光。

此次回来，钱锺书只打算过个暑假。因为他已获悉清华决定再次聘请他回校，所以他辞去了蓝田国立师范学院的职务，为回西南联大做准备。只是，一等再等，清华那边竟杳无音信，不知原来这消息是否空穴来风。到了年底，日军偷袭了珍珠港，太平洋战争爆发，上海全部沦陷，他再想离开也没办法了。

这样也好。动荡岁月里，与妻儿厮守也是一件令人喜悦的事。

因为一直没有工作，老丈人杨荫杭将自己在震旦女子文理学院的钟点授课让给了他，以此来让他赚些钱维持生活。学识渊博的钱锺书，工作能力出色，很快就被学校正式聘为教授。也就在这所学校里，钱锺书与同事陈麟瑞成了好友。两家住得近，自然而然地也走得很近。在频繁的往来里，杨绛的剧本创作受到了陈麟瑞很大的启发和影响。事实上，也正是由于陈麟瑞的鼓励，杨绛才开始了戏剧创作。

当时，振华分校在上海全部沦陷之后被迫解散了。为了让手中有份事情干，也顺便贴补家用，杨绛当起了家庭教师，同时又在一所小学代课，工作不像过往那般忙碌，业余时间她开始创作起话剧来。

彼时，话剧是人们喜闻乐见的一种文艺娱乐。

当时的文化界把抗日救亡运动的重心放在了戏剧上，并且专门组织了职业剧团，来开展业余戏剧运动。毕业于清华大学的陈麟瑞，长期从事戏剧创作，曾发表过许多优秀的戏剧作品。同时，他在戏剧界也很活跃，曾经和文艺界、戏剧界的著名人士黄佐临夫妇、柯灵、李健吾等人先后主持了“上海职业剧团”“苦干剧团”等工作。

1942年的一天晚上，陈麟瑞请杨绛夫妇和李健吾一起吃烤羊肉，来庆祝他改编的剧作《晚宴》上演。这家经营烤羊肉的饭馆很特别，众人须围着一盆柴火，将羊肉放在柴上烤，火苗蹿动中，要拿两尺多长的大筷子才能把肉夹上来。几个好友在这别有一番风味的吃法中，十分开心。

席间，陈麟瑞介绍说，这种吃法是蒙古人的正宗吃法，十分具有民族特色。此话引起了杨绛的兴致，她便将书里曾看过的相关内容分享给大家听。陈麟瑞听着杨绛绘声绘色的讲述，竟然有了亲临其境的感觉，于是忍不住说道：“何不也来一个剧本？”

这样具有画面感的讲述，绝非一般学识的人能为之，具有如此才思的人必可以创作出好剧本来。

起初，杨绛觉得自己缺乏经验，连看话剧的次数也有限。然而，受到多次鼓励后，她不由得动了心，决定试一试。她素来执行力强，说创作就创作起来了。

《称心如意》是她最早创作的戏剧。完稿后，她立即先送给了陈麟瑞，请他“指导”。陈麟瑞确实是个难得的好指导员，看后直率地指出其不足：“你这个剧本，做独幕剧太长，做多幕剧呢，又太短，内容不足，得改写。”

如果换作其他人听了这话，难免会气馁，会放弃。但杨绛不同，她在认真地听取了陈麟瑞的建议后，很用心地做了调整，拆成了四幕剧。之后再交给陈麟瑞看，换来的是陈麟瑞欣喜不已的认可：“这回行了。”

随后，陈麟瑞将这个剧本转交到了李健吾的手里。没几天，李健吾来电话说，《称心如意》立刻就排演，将由黄佐临亲自导演，自己也会登场。

听到这个消息，杨绛喜出望外，不知今夕何夕，也不知自己身处何地了。

经过一段时间的紧张排练，杨绛的第一部话剧作品《称心如意》于1943年春天正式公演。

杨绛功底深厚，才情里有香气，一出手就不凡，初出茅庐，一鸣惊人。《称心如意》一上演，就引来了阵阵喝彩声。

最佳的喜剧是“泪和笑只隔了一张纸”，杨绛写的这幕含泪的喜剧便是如此。

在此之前，她一直用“季康”这个名字。戏剧正式公演之前，李健吾让她临时起个笔名来印刷在宣传片上。于是，鉴于之前总有人把“季康”两字读成“绛”，她便将“绛”拿来用，于是便有了“杨绛”这个名字。

这个名字和她的才情跟随了她一生，后来大家都称呼她为“杨绛”。

复旦大学教授赵景琛曾对杨绛的才情予以盛赞：“她那第一个剧本《称心如意》在金都大戏院上演，李健吾也上台演老翁，林彬演小孤女，我曾去看过，觉得此剧刻画世故人情入微，非女性写不出，而又写得那样细腻周至，不禁大为称赞。”[①]

得到大家的认同后，杨绛一鼓作气接连创作了喜剧《弄真成假》《游戏人间》和悲剧《风絮》。其中，《弄真成假》成为她的又一喜剧代表作，上演后，成了中国话剧界的经典作品。

① 出自赵景琛《文坛忆旧》，中国友谊出版公司，2015年版。

《弄真成假》完成于1943年10月。杨绛凭借她特有的敏锐力和高超的艺术才情，再现了20世纪40年代社会变革时期的社会风貌，刻画了浮华世界里周大璋这一令人爱恨交加的形象。

男主人公周大璋仪表堂堂，因出身贫寒而寄居在亲戚家的小阁楼里。为摆脱困境，他日夜幻想能娶地产商张祥甫家的女儿，这样就可以获得一笔可观的陪嫁，从此踏入上流社会。为了达到目的，他抛弃了情人张燕华。而张燕华就是张祥甫的亲侄女，从小就寄养在他家。多年寄人篱下的经历，也促使她拼命改变自己，想通过嫁给一直自诩官宦子弟的周大璋来实现目标。谁知，离开了张家却住进了周大璋寄居的小阁楼。最后，因为这样彼此寄人篱下的境遇，他和她“弄真成假”。结果，谁都没有梦想成真，全是弄巧成拙，真正应了那句“人生需要揭穿”。

这部剧虽然讲述了一个再平常不过的故事，却可以让人笑过之后产生一种自己就生活在这样“一场戏”中的感受。

该剧一上演，就获得了比《称心如意》更好的反响。彼时，各大报纸都争相刊登相关的评论，就连演员也都以出演杨绛的戏剧为傲。许许多多戏剧界的同人，更联名写了封感谢信给她。的确，她的创作改变了戏剧界过往多为翻改外国作品的境况。

当年，李健吾先生如此评价道：“假如中国有喜剧，真的风俗喜剧，从现代生活提炼的道地喜剧，我不想夸张地说，但我坚持地说，在现代中国的文学里面，《弄真成假》将是第二道纪程碑。有人一定嫌我过甚其词，我们不妨过些年头来看，是否我的偏见具有正确的预感。第一道纪程碑属诸丁西林，人所共知；第二道我将欢欢喜喜地指出，乃是《弄真成假》的作者杨绛女士。”①

当年，《弄真成假》上演期间，杨荫杭还带着几个女儿一同去观看了这出戏，亲临现场才知是如此受欢迎，于是忍不住问杨绛：“全是你编的？”杨绛笑着点点头，回答：“全是。”那时，父亲骄傲至极。

这部剧的影响非常深远，到2007年杨绛96岁高龄那年，《弄真成假》还被再次搬上了话剧舞台。

后来的《风絮》，则是杨绛创作的唯一悲剧作品。这部剧作讲述的是，一个知识分子专注于社会改革，于是带着妻子到乡下去，不料锒铛入狱，妻子与友人一起营救他。谁知出狱后，他却发现妻子早在他服刑的一年中移情别恋，而这个别人不是外人，正是和他的妻子一起营救他的友人。友人本着朋友妻不可欺的道德，并没有接受妻子的追求，而是始终压抑着自己的感情，一再婉拒。男主人公没有屈服于恶势力，却经受不起爱妻情变的打击，留下遗书欲沉潭自尽。友人见到遗书，以为男主人公已殁，便与友妻拥抱在一起。然而，友妻认

① 李健吾《李健吾戏剧评论选》，中国戏剧出版社，1982年版。

为是自己杀了丈夫而毫无如愿以偿的欢愉。谁知，这时从潭边回头的男主人公追到两人面前，声称要和妻子同归于尽，不然就枪杀友人，然后与妻子重归于好。戏到这里，妻子却突然夺过手枪，朝自己连击数枪，倒地身亡。见此情景，男主人公失声痛哭起来，友人则呆若木鸡。随着帷幕徐徐落下，一幕悲剧就此收尾。

这部让人神伤不已的悲剧，讲述的是一个永恒的主题——爱情。纠葛的情感，深不可测的爱之心意，增加了无穷的色彩，揭示着人在爱情和命运中的渺小和无能为力。诚如剧中人哀叹的，谁知道上天是怎么安排的，一生太短，又不能起个稿子，再修改一遍。

这也是杨绛将剧作命名为“风絮”的原因，在对人生的深刻探索中，暗寓着一个道理：人的一生始终如飘在风中的一片风絮。

对于《风絮》，早在1946年6月12日《文汇报》就刊登了一篇评论文章：“《风絮》是杨绛女士第一次在悲剧方面的尝试。这里的成就犹如她以往在喜剧方面，同样是超特的。”

不过，杨绛最重要的戏剧成果还是《称心如意》和《弄真成假》这两部喜剧，它们在当时的剧坛引起的反响无比巨大，受到的追捧也最多，戏剧界大咖如夏衍、柯灵、李健吾、陈麟瑞、黄佐临等人都给予了至高的评价。

后来，杨绛在其《喜剧二种》的《重版后记》中如此写道：“剧本缺乏斗争意义，不过是一个学徒的习作而已——虽然是认真的习作。”[①]她还表示：“如果说，沦陷在日寇铁蹄下的老百姓，不妥协、不屈服就算反抗，不愁苦、不丧气就算顽强，那么，这两个喜剧里的几声笑，也算表示我们在漫漫长夜的黑暗里始终没丧失信心，在艰苦的时候里始终保持着乐观的精神。”

虽然杨绛极为谦虚，但当时的剧坛前辈夏衍曾如此坦言，“人们都喜欢捧钱锺书，我却要捧杨绛”[②]，他1945年从重庆回到上海，看到杨绛的剧本，深感耳目一新。

她的才情举世公认，已无须我们再做任何评价。

---

① 出自《杨绛作品集》，第二卷，中国社会科学出版社，1993年版。

② 出自夏衍《文艺漫说》，《人民文学》1985年第5期。

爱人

婚姻里的杨绛善良体贴，她担当的妻子角色，是钱锺书最难得的“贤内助”。

这也是他们能在婚姻里幸福长久的秘诀。在婚姻的“围城”里，他们的爱情是世人最为羡慕的“我中有你，你中有我，彼此尊重，爱屋及乌”。

她曾有文如此写道：

> 我由宽裕的娘家嫁到寒素的钱家做“媳妇”，从旧俗，行旧礼，一点没有“下嫁”的感觉。叩拜不过跪一下，礼节而已，和鞠躬没多大分别。如果男女双方计较这类细节，那么，趁早打听清楚彼此的家庭状况，不合适不要结婚。

> 抗战时期在上海，生活艰难，从大小姐到老妈子，对我来说，角色变化而已，很自然，并不感觉委屈。为什么？因为爱，出于对丈夫的爱。我爱丈夫，胜过自己。我了解钱锺书的价值，我愿为他研究著述志业的成功，为充分发挥他的潜力、创造力而牺牲自己。这种爱不是盲目的，是理解，理解愈深，感情愈好。相互理解，才有自觉的相互支持。[①]

作为在开明家庭和教育中长大的“新女性”，杨绛所说的全是夫妻相处之道里的金玉良言。她一生践行的也是世人最艳羡的“爱之相悦的付出”。比如，在事业上，当她成名之时，钱锺书尚默默无闻；当钱锺书提出想写一部著作时，她无限支持，甘做“灶下婢”，吃了无数苦不但不觉得苦，反而还觉得自豪。

后来，她写文记下了这些时刻：“劈柴生火烧饭洗衣等等我是外行，经常给煤烟染成花脸，或熏得满眼是泪，或给滚油烫出泡来，或切破手指。可是我急切要看锺书写《围城》，做灶下婢也心甘情愿。”[②]

杨绛的付出绝非打水漂。钱锺书虽然在生活上“拙笨”，然而

---

① 出自杨绛《杨绛全集4·散文卷》，人民文学出版社，2014年版。

② 出自杨绛《记钱锺书与〈围城〉》，湖南人民出版社，1986年版。

却是最深情的知心爱人。他始终细心地呵护着杨绛，知她辛劳，知她冷暖，知她情绪翻滚。所以，他总可以给予她回报，情意绵绵的回报。

那时，杨绛为了节省开支，决定自己上街去买菜。钱锺书深知杨绛爱面子，大家闺秀第一次挎着个菜篮子必然会有些难为情，于是，他便体贴地陪着她同去菜市场买菜。因为辞了家佣，全家的家务都得杨绛一个人做，他怕她太劳累，因而常常自己关上卫生间的门悄悄洗衣服，尽管洗得一塌糊涂，还得通通重洗，然而他这种举动最是体己贴心。

世间女子若能得此一人为夫，是莫大的幸福。

多年来，他还负责她的早餐，只因她习惯晚睡晚起。

如此情深似海的两个人，做到了夫妻间最难得的“爱之收支平衡”。俗世男女间，最好的爱情，莫过于此。

香港作家李碧华曾说过：“大概一千万人之中，才有一双梁祝，才可以化蝶。其他的只化为蛾、蟑螂、蚊子、苍蝇、金龟子……就是化不成蝶，并无想象中的美丽。”[①]相爱容易，相处最难，说的也是这个道理。

杨绛和钱锺书是一千万人之中少有的幸运。

---

① 出自李碧华《只是蝴蝶不愿意》，花城出版社，2003年版。

在创作《围城》时，他对杨绛的爱时刻流露于字里行间，在故事情节中融入了他跟杨绛一起经历过的种种。比如，在书中描写的苏小姐结婚的场景，就有他和杨绛结婚时的影子，白硬领圈给汗水浸得又黄又软的新郎，便是他结婚那天的样貌。

后来，他那部惊艳世人的《围城》成功问世，征服了无数读者。他的名字举世皆知。然而，他深知这用时两年之多的作品里有杨绛太多的付出，于是在序中说："这本书整整写了两年。两年里忧世伤生，屡想中止。由于杨绛女士不断地督促，替我挡了许多事，省出时间来，得以锱铢积累地写完。照例这本书该献给她。"①

就连他的母亲也曾感慨地说她笔杆摇得，锅铲握得，在家什么粗活都干，真是上得厅堂，下得厨房，入水能游，出水能跳，锺书痴人痴福。

是啊，像钱锺书这样的痴人、"愚人"，幸亏有杨绛这样的贤妻，才能从容走过那些艰难的岁月；而杨绛也因有钱锺书这样的爱人，生活中平添了更多的乐趣。

他们的爱情，经得起风花雪月，也耐得住柴米油盐。

---

① 出自钱锺书《围城》，人民文学出版社，1980年版。

行走于世间，杨绛生平唯一一次做的“行政干部”，便是老校长王季玉力邀下的母校振华女中的校长。她素来自谦“我不懂政治”，然而她却是东吴大学政治系毕业的高才生。

她不是不懂，是不想也不愿碰“政治”的是非，她只想安安静静做钱锺书贤惠的妻子。

事实上，她确实做得特别好。

1945年的某一天，日本人突然上门，却在她的泰然周旋下败兴而归，因为她早已第一时间将钱锺书的手稿藏好了。解放后，她还带着钱锺书主动拜访沈从文和张兆和，来打消曾经因钱锺书写文讽刺沈从文收集假古董而生的隔阂。另外，她家的猫咪和林徽因家的猫咪打架，钱锺书欲拿起棍子为自家猫咪助威，她连忙劝止说：“林的猫是她们家‘爱的焦点’，打猫得看主人面。”

正因如此，她的贤良淑德、沉稳周到，成了痴气十足的钱锺书在社交上的润滑剂。

在钱锺书写《围城》的那些日子里，她更成了钱锺书最好的读者。

每天晚上，他都把写好的稿子第一时间给她看，并且急切地看她会有怎样的反应。见她笑，他也笑；见她大笑，他也大笑。他们不必说明为什么笑，因为彼此早就心照不宣。对他来说，这样体己知己的爱人是世上最好的爱人。

对于陪伴在侧的爱人，他心生了无数的浪漫，并用文字送给她。比如，他在1959年就曾写过这样一段缠绵悱恻的诗："弄翰然脂咏玉台，青编粉指更勤开。偏生怪我耽书癖，忘却身为女秀才。"言下之意，自己的笨拙让杨绛受累了，自己不会干家务琐事，只是个会读书的书呆子，由此耽误了杨绛许多读书写作时间，导致杨绛的创作大为减少，几乎"忘却身为女秀才"。

对杨绛为他、为这个家的付出，他的心里是一直明了的，因此心怀感恩和感动。他在出版短篇小说集《人·兽·鬼》时，在自留的样书上为她写下了那句无与匹敌的情话："赠予杨季康，绝无仅有地结合了各不相容的三者：妻子、情人、朋友。"①

在他的心中，她始终是"最贤的妻，最才的女"。在这一生一世里，最懂他的，始终是她。

在他的小说《围城》被搬上荧屏时，有她写在每集片头上的那段著名旁白——"围在城里的想逃出来，城外的人想冲进去。对婚姻也

① 出自钱锺书短篇小说集《人·兽·鬼》，福建人民出版社，1983年版。

罢，职业也罢。人生的愿望大都如此。”表露的是她对他的作品的深刻理解。

对于杨绛做出的这一概括和解析，钱锺书深以为然，甚觉“实获我心”。

对他的作品最了解的人，永远是他的夫人杨绛。所以，这两句话作为旁白，成了《围城》这部剧的灵魂。

1949年，新中国成立前夕，当时很多爱国知识分子都收到过国民党抛过来的邀约。钱锺书和杨绛在文化界赫赫有名，自然也在其中。然而，他们对此都断然拒绝，不仅仅因为他们拥护共产党，而且也因为他们不愿意离开自己从小生活的故土，这里于他们而言是根，即使枝蔓丛生，根也无法割舍。

后来，他们还收到过很多次邀请，尤其是钱锺书，台湾大学聘他做教授，香港大学请他做文学院院长，英国也发来邀请，想聘他做高级讲师，他都一一婉拒了。

许多人都不理解，为什么他们如此坚持要留在一个满目疮痍、战争阴霾还未全然散去的地方？

答案或许只能从杨绛与人讨论人生选择的意义中寻找。她说，在抗战胜利之后，国民党政府曾许诺钱锺书一个联合国教科文组织的职位，这是一个很多人都梦寐以求的职位。但是，钱锺书一口拒绝，他解释说：“那是胡萝卜。”他不愿受“胡萝卜”的引诱，也不愿受

“大棒”的驱使。

对于自己脚下的土地，他们爱得太深沉，钱锺书借用柳永的诗句来诠释，就是“衣带渐宽终不悔，为伊消得人憔悴”。

是的，祖国便是他们舍不得的“伊”。

后来，曾有人问他们，经历了那么多苦难，有没有后悔当初没有选择离开？杨绛是如此回答的：“没有什么后悔的，人活着不一定全是为了享福。”

他们不愧为一对志同道合的夫妻，从文学、爱好，到夫妻之道，到事业共识，都是如此相同。

杨绛也曾写文阐述他们之间的志同道合：“我们当初正是因为两人都酷爱文学，痴迷读书而互相吸引走到一起的。锺书说他‘没有大的志气，只想贡献一生，做做学问’。这点和我志趣相同。我成名比钱锺书早，我写的几个剧本被搬上舞台后，他在文化圈里被人介绍为‘杨绛的丈夫’。但我把钱锺书看得比自己重要，比自己有价值。我赖以成名的几出喜剧，能够和《围城》比吗？所以，他说想写一部长篇小说，我不仅赞成，还很高兴。我要他减少教课钟点，致力写作。为节省开销，我辞掉女佣，做‘灶下婢’是心甘情愿的。握笔的手初干粗活免不了伤痕累累，一会儿劈柴木刺扎进了皮肉，一会儿又烫起了泡。不过吃苦中倒也学会了不少本领，使我很自豪。”[①]

诗人辛笛曾说钱锺书有“誉妻癖”，确实如此，钱锺书始终欣赏她，而她也始终视他为唯一。

他们一生都是彼此内外兼修的知心爱人。

① 出自杨绛《干校六记》，生活·读书·新知三联书店，1981年版。

静好

1949年5月，上海获得解放。此时，他们夫妇接到清华大学的聘函，聘请他们二人担任清华大学外文系教授。

据说，他们之所以被聘请，还是他们的老友吴晗的主意。彼时，吴晗和钱俊瑞一起受中共中央的委托，对北大、清华进行接管，吴晗时任清华大学历史系主任、文学院院长、校务委员会主任委员。

能获得如此聘请，于他们二人是一种荣誉，更是一种肯定。

他们曾在清华求学，度过了那些终生难忘的岁月，如今再双双回到母校，并在这里执掌教鞭。此种殊荣，没有什么能比。

8月24日，他们带着女儿阿瑗启程，登上了北上的火车。当年，阿瑗12岁，对清华无限向往。她还是个无忧的孩子，一手抱着洋娃娃，一手提着手提袋，里面全都是她喜欢的玩具。

8月26日，他们抵达清华。

他们的根就此扎入北京，定居于此，开始了一段新生活，并且再也没有真正离开过。

钱锺书在清华指导研究生，杨绛则是兼任教授。彼时，清华有旧规矩，夫妻俩不能同时在一所学校担任专职教授，所以杨绛只能兼任。兼任的工资很少，是按钟点计算的。对此，她自称“散工”。后来不久，清华废了这一旧式规矩，系主任聘请杨绛为专职教授，不过此时的杨绛只愿意做“散工”。她自觉未经“改造”，还未能适应，故而愿借“散工”之名逃避开会。妇女会开学习会，她不参加，因为自己不是家庭妇女。教职员开学习会，她也不参加，因为她不是专职，只是“散工”。可是，她这个“散工”的教职课程并不比专职的少，后来应系里的要求，她还增添了一门到两门的课程。

令他们感到陌生的是，清华园变了，变得比以前热闹，缺少了过往的那份宁静。还好，有不少老朋友、老同学、老同事与他们在一起工作，比如吴晗、金岳霖、浦江清、冯友兰、温德等人，他们都在清华担任教授。

10月1日，新中国成立。

全国普庆，清华大学更是欢欣一片。杨绛也非常高兴，与钱锺书一起展望着美好的未来。

只是，随着时间的推移，很多事情发生了意想不到的变化，他们对此感到颇为费解，却不知事态到底会怎样发展。不断建设的校园，不断改变的课程，还有大量的会议，学生们已然个个都对文学没什么兴趣。关于此时情境，同时期的浦江清在他的《清华园日记》中写道："清华各团体自解放后，盛行检讨之风，而检讨之习惯并未养成，所以多意气和裂痕。冯公（友兰）说了一句旧话，说清华原有一句俗语：'教授是神仙，学生是老虎，办事人是狗。'校务会在此刻无论怎样总是错，希望不久新政府派校长来也！"①

尽管他们对清华园的改变心生莫名的感触，但是对生活并没有丧失热情和信心。

他们依然固我地沉浸在自己最爱的读书上，深夜攻读有之，白日图书馆借阅有之，或长台两端读书，或相对两端读书，生活遂有了满心的喜悦。

他们虽然是全国知名大学的教授，但是一辈子生活简朴。他们对钱财一向都不在乎，他们在乎的只有一件事——读书。

这是多年来他们生命中最重要的一件事，没有之一。

---

① 出自浦江清《清华园日记·西行日记》，生活·读书·新知三联书店，1999年版。

那段时间里，他们除了上课、办公、开会，可以说是深居简出，晚上对他们来说是青灯摊卷的好时光。

贰

在北京定居下来后，他们的社交圈越来越广，结交的朋友越来越多，生活开始变得美好起来。

那时与他们过从甚密的有黄裳。黄裳的到来让他们夫妇大为高兴。多年过去，黄裳还清楚地记得他们会面的情形，他说听钱锺书聊天是一件非凡的乐事，简直就像《围城》里的那些机智、隽永的话语，但比小说中更加明了。

时值朝鲜半岛形势危急，大有一触即发之势，杨绛抄录了宋代诗人陈简斋的诗赠予黄裳：

胡儿又看绕淮春，
叹息犹为国有人。
可使翠华周寓县，
谁持白扇静风尘。
五年天地无穷事，
万里江湖见在身。
共说金陵龙虎气，
放臣迷路惑烟津。

在宋代诗人里，陈简斋的诗歌饱含着深沉而浓郁的家国之感。杨绛以此诗赠他，确是别有深意。

彼时，到他们住所来访的客人里，还有傅雷夫妇。

1949年12月，傅雷从香港由海路经天津到达北京。作为留学法国巴黎大学的校友，傅雷夫妇专门拜访了他们，并在他们家小住了数日。

他们常常一起促膝长谈，心中压抑的情绪得以释放，情感得以适时抒发。他们的高贵灵魂产生了激情碰撞，在回忆里火花四射。

和他们夫妇在一起的傅雷，绝对不是外界言说的那种“严肃死板”。相反，他在和他们夫妇的相处中，脸上总是挂着笑容。钱锺书是唯一敢与他当众开玩笑的人。某一次，在朋友的聚会中，钱锺书无所顾忌地和傅雷开了一个玩笑，当时在场的一个朋友觉得钱锺书这玩笑开过了，于是赶紧给他使眼色，暗示他“过”了。没想到，傅雷不但没有生气，还和大家一块儿笑。

对孩子，傅雷是真的不苟言笑，严肃得吓人。他家的两个孩子阿聪和阿敏都很喜欢听大人们聊天。但是，这对于傅雷而言是绝对不允许的，或许是时代所致，他不愿自己的孩子因为少不更事而招惹什么是非。

有一次，当朋友们和他一起在客厅里正聊得欢畅时，他突然像想起了什么似的，轻手轻脚地来到了客厅门旁，一把拽开门，结果看到两个孩子正侧着小脑袋瓜儿。很明显，他们正全神贯注地听着他们谈话。傅雷见状，立即大吼起来，两个孩子吓得一溜烟地逃了。爱子心切的傅雷太太赶忙上来唱白脸，傅雷这才作罢。

大家继续聊天，笑声四起，好生热闹。这时，傅雷又过去拽开那扇门，结果两个孩子又在那里。真是“知子莫若父”，他就知道孩子一准会下来，果不其然。

傅雷这次发火比之前更厉害，他大声呵斥着孩子，太太想劝都劝不了，其他人则想劝都不敢劝。孩子委屈地哭了起来，一直哭到傅雷呵斥结束。外界盛传“严肃的傅雷”，由此可见一斑。

但在杨绛眼里，傅雷只是不轻易笑而已，他笑的话好像是在品尝自己的笑，颇觉有回味在。

傅雷夫妇在北京逗留期间，吴晗有意请傅雷到清华大学执教法语，还特意请求杨绛夫妇帮忙说服。然而，傅雷不愿意教法语，只想教美术和美术评论，可是当时的清华大学不设这样的学科，这件事情因此作罢。傅雷于是回到上海，继续他的翻译生涯。

这之后的岁月，尽管他们远隔千里，然而他们的友谊长存，几十年依然保持着亲密的关系，时不常抽时间相聚。能这样，确也是好。试想，这世间能有几人可以长久地做朋友？一生一世，于爱情是奢侈，于友情未尝不是。

那段时日里，钱瑗到了城里上学，寄宿在校，只有周末才能回清华园，而钱锺书那时也要待到周末才能回来。所以，平日里便只有杨绛和用人在家里。因为缺少了父女俩，日子稍感寂寞，但因为养了只名叫“花花儿”的宠物猫而平添了不少快乐。

那是杨绛从亲戚家抱来的一只小猫，刚刚满月断奶。猫猫的妈咪是只纯正的波斯猫，然而它却生得黑白相杂。最初被抱出来时，它声声的叫唤声让杨绛生出怜爱，把它抱在怀里一整天，所以它和杨绛最亲。

这猫确也有灵气，且仁义，让人不得不心生喜欢。后来，杨绛专门为它写了一篇文章，文中满满是对它的喜爱：“我不知道李妈是怎么‘把’、怎么教的，花花儿从来没有弄脏过屋子，一次也没有。我们让花花儿睡在客堂沙发上一个白布垫子上，那个垫子就算是它的领域。一次我把垫子双折着忘了打开，花花儿就把自己的身体约束成一长条，趴在上面，一点也不越出垫子的范围。一次它聚精会神地蹲在一叠箱子旁边，忽然伸出爪子一捞，就逮了一只耗子。那时候它还很小呢。李妈得意说：‘这猫儿就是灵。’它很早就懂得不准上饭桌，只伏在我的座后等候。李妈常说：‘这猫儿可仁义。’”[①]

有一次，杨绛午后去上课，它突然看见了杨绛，就娇声细气地“啊，啊，啊”地朝她跑过来。杨绛怕它跟着上课堂，赶它离开。可是，它紧跟不离，一直跟到大道边才止步不前，定定地站在那里看着她走远。原来，那条大道是它活动区域的边界，它从未越过这边界。对于这“灵气”“善解人意”的猫儿，杨绛怎能不当“心头爱”来疼惜！

对于这只猫儿，钱锺书也十分喜爱，他曾在《容安室休沐杂咏》中如此写道：

音书人事本萧条，
广论何心续孝标。
应是有情无着处，
春风蛱蝶忆儿猫。

---

① 出自香港《字花》杂志，2012年版。

生活里有所寄托，不失为一件幸福的事。或许是物，或许是人，或许是情感，无论是哪一种，都会因有所念想，岁月得以变得更加丰盈。

坚忍

这世间，从来没有一成不变的丰盈静好，尤其在那个多变的时代。

杨绛和钱锺书的生活没过多久就迎来了一场祸端。

知识分子思想改造运动开始后，大学进入学习《毛泽东选集》的高潮。当时，各地高校率先在教师中间开展思想改造，进行批评和自我批评。

这场运动，当时几乎每一个知识分子都参与其中，他们成了最早被改造的一批。

杨绛的代表作《洗澡》，记录的正是这个时期发生的一些事以及她心海翻滚的一些想法。彼时，全国上下都处于“三反”运动中，而所谓的“三反”，即反贪污、反浪费、反官僚主义，被大家称为“脱裤子”“割尾巴”。对于知识分子而言，这个“脱裤子”实在难以启齿，于是纷纷将其戏称为“洗澡”。

18万字的《洗澡》是杨绛唯一的长篇小说，被施蛰存誉为“半部《红楼梦》加上半部《儒林外史》”，并说她：“运用对话，与曹雪芹有异曲同工之妙……《洗澡》中的人物，都是‘儒林’中人。不过最好的一段，许彦成、杜丽琳和姚宓的三角故事，却是吴敬梓写不出来的。”①

是的，虽说这是一本小说，但里面没有任何真人真事的影子，更没有杨绛本人的影子，然而营造出来的气氛却是“完全真实的”。“正应了作家舒展跟她开玩笑的那句话：‘怪不得夏公（夏衍）要捧您，因为您是文艺领域各种样式的大票友，文、武、昆、乱不挡，生、旦、净、末满来！’”②

一位70岁的老人能写出这样的作品，不得不让人由衷佩服，但杨绛却用她的家乡谚语回答：“那叫作‘猪头肉，三不精’！”

当初人们对于需要改造和批判的事情界定混淆，导致了一些本不该被反对的东西被拽入进来，出现了一些比较“左”的方式。然而，

---

① 出自施蛰存《说杨绛小说〈洗澡〉》，《名作欣赏》2004年第6期。

② 出自胡妍妍《〈杨绛全集〉出版一个世纪的随遇而作》，《人民日报》2014年10月14日。

对于这种“左”还一再任之，不做任何改正。并且，在知识分子还不十分理解“三反”运动目的是什么时，他们就莫名地变成了需要被“批判”的对象。

作为知识分子的杨绛和钱锺书夫妇，也难免被牵连进来，受到了极大的影响。

当时的思想改造包括三个阶段，即思想动员阶段、酝酿讨论阶段、声讨控诉阶段，其中最让人纠结、难以忍受的是酝酿讨论阶段。杨绛就参与过几次这样的“酝酿会”，也“被参加”过。参加的时候，她觉得自己的思想陷入一种“困境”之中，毕竟很多人都是曾经很好的同事和朋友，让每个人都参与斗争，极为残酷。对于“被参加”，她倒是极为淡然，多年来的“与世无争”，使她一直是个“散工”，平时追求的也不过是贤妻良母，对任何人都无害，所以对她，讨论的问题也就相对简单，可谓一次通过。

检讨获得了好评，本以为控诉会也会一次通过，谁知半路杀出了个“程咬金”，站出来歇斯底里地控诉杨绛。杨绛从没有见过这个控诉自己的女学生，她也不是自己班上的学生，可是她却声嘶力竭地控诉杨绛。

控诉的内容竟然是：杨绛先生上课不讲工人，全讲恋爱如何；教导她们，恋爱就应吃不下饭，睡不着觉，见了恋人更应脸发白、腿发软；更不可思议的是教导她们即便结了婚又如何，也应当谈恋爱。

对于这突如其来的“变故”，杨绛最初是惊讶的，不久，她就波澜不惊，不闻不问这事，木然地坐在那里。

后面接着是对别人的控诉会，控诉完后，人们陆续散去，留下一大串讨论声。杨绛也随着人流缓缓走出礼堂，心似被掏空了般难受。

还没来得及思索什么，外文系系主任吴达元忽然出现在她跟前，悄悄地问她道：“你真的说了那种话吗？”

她回答道：“你想吧，我会吗？”

吴达元立即说：“我想你不会。”是的，他心里清楚，像杨绛这样一位德才兼备的老师，是绝对不会说出如此水准的话的。

在那样一种环境下，能有人如此理解自己，杨绛感激不尽，于是刻意地谨慎地和他走远点，再走远点，她怕会因此累及他。

当天，她于恍惚中独自回到家。此时钱锺书和女儿都不在家，女佣也早已熟睡。对于今天发生的一切，没有人可以诉说，也没有人能给自己安慰，在暗夜里她只能自我安慰道：“假如我是一个娇嫩的女人，我还有什么脸见人呢？我只好关门上吊啊！季布壮士，受辱而不羞，因为‘欲有所用其未足也’。我并没有这等大志。我只是火气旺盛，像个鼓鼓的皮球，没法按下凹处来承受这份侮辱，心上也感不到丝毫惭愧。”

如此想了之后，也就释然了。

第二天早上，她专门挑了件鲜艳的衣服，精心梳洗打扮了一番，光鲜地出了家门。换作他人，前一天当着众人的面被“控诉”成罪人，第二天肯定躲在家里不出门了。然而，她非但不如此做，还专门挑了人多、嘴杂的校内菜市场去逛。她要看一看旁人是如何对待她的。

还好，没她想象的那么糟糕。虽然有人见了她远远地就躲开了，但还是有人过来跟她打招呼，尽管话说的不多，但这于她是最大的欣慰了。

淡泊是一种可贵的人生态度，不仅可以让人释然，而且会让人获得安慰，可让人更好地行走于世间。

正如一向内省清醒的香港作家李碧华所言，人那么壮大，权位、生死、爱恨、名利却动摇它。权位、生死、爱恨、名利那么壮大，时间却消磨它。——时间最壮大吗？不，是“心”，当心空无一物，它便无边无涯。

越是纠结放不下的，越会成为你的心魔。

不久，《人民日报》上刊登了清华大学对资产阶级腐朽思想的控诉大会的情况，并且特意点了杨绛的名："×××先生上课专谈恋爱。"

看到这则消息后，杨绛的态度依然是豁然的，她说："知道我的人反正知道；不知道的，随他们怎么去想吧。人生在世，冤屈总归是难免的。"①

尽管是一番屈辱，于她却是一番好锤炼。这场控诉大会大大地增加了她的韧劲。

像她这样坚忍的知识分子也不多，他们的生之岁月里，坚忍因为屈辱和折磨而过早地萎谢了。比如，他们的好友高崇熙先生。

1988年，杨绛先生专门写了篇《忆高崇熙先生》，字句间我们获悉高崇熙先生不幸离去：高崇熙先生，也是清华大学的教授，任职于化工系，并兼任了当时化工厂厂长一职。这样的一个人，专业素养极

① 出自杨绛《控诉大会》，《杨绛作品集》第二卷。中国社会科学出版社，1993年版。

高，却不幸被卷入到了这场运动中。

那天是一个秋天的周末，天气晴好，钱锺书和杨绛夫妇闲来想要出去走走。杨绛记起高夫人送鲜花来还没去道谢，于是，就和钱锺书一起去了化工厂的高家。高太太进了城，家里只有高崇熙一个人。他正独自坐在家里，对于他们俩的拜访表现得一点也不热情，于犹豫间请他们坐下，斟茶倒水都显得心不在焉。

他们俩觉得坐在那里很尴尬，没一会儿就离开了。回家的路上，他们俩还在纳闷——对于他的态度，他们只觉得不太正常，却不知什么缘由。

未承想，第二天他们听到了一个噩耗，高崇熙服用氰化钾自杀了。听到这个消息时，杨绛自责得不得了，她说："只恨我们糊涂，没有及时了解。"

可是，了解了又如何？即便劝慰了又如何？或许也只是一时的想开，不是所有人都可以做到坚强坚忍。

更何况，在那个时代里，接二连三的不幸，使得生命一下子变得脆弱不堪，再不能承受这生命之重。

不久，高校范围内的大调整开始了，杨绛和钱锺书被安排在了北京大学文学研究所，变成了研究员，住所也从清华园迁到了中关园。乐观如他们二人，特意给新家起了一个雅致的名字——"容安室"。

尽管时世动乱，杨绛却始终没有中断自己的翻译事业，在间隙里翻译的一些作品也得到了很多专业人士的认可，比如47万字的法国小说《吉尔·布拉斯》就获得了北京大学教授朱光潜的称赞。

1958年，“拔白旗”运动开始。在当时“大跃进”的过程中，把一些坚持实事求是、反对浮夸的人，以及一些有资产阶级学术观点的人都作为“资产阶级白旗”，并对其加以批判、斗争，甚至处分。这种做法，被称为“拔白旗、插红旗”。

不久，反“右”运动也开始了，周围的很多朋友落难了，他们夫妇小心处事，谨慎地生活着，但也在1958年时被扣上了“右”的“帽子”，其文章则被称为资本主义的“毒瘤”，成了不可不拔的“大白旗”。在批评会上，他们两人沉默不语，好在平时二人行事低调、为人随和，对他们的批评相对来说也比较轻。

那年10月的时候，文学所要分批派人到乡下去改造。

杨绛本来可以不去，当时有规定，45岁以上的女同志可以免于下乡，更何况她还身体不太好。然而她因担心家中的一老一小，怕不去影响不好，被人借题发挥，所以她在第一时间去了乡下。

下乡的地方，在北京附近的郊区，不算远，一起去的还有20多个人。尽管来之前，她设想了种种困难，但是真正到了这里，才发现困难一个接一个地难以应付。对于这段过往，她在后来的文字里有记录，并称之为“过五关”：

第一关，是“劳动关”。虽然她不是生在什么特别殷实的家庭中，但是农活确实没做过，而且她年岁已大，没有太多力气，所以只能挑些她能做的，比如砸玉米。

第二关，是“居住关”。她之前好奇土屋茅舍的生活是什么样子，来到这里才算见识了。第一天住的是一间空屋的冷炕；后又到缝纫室的竹榻上，很小，翻身都会掉下来；最后住的是当地的托儿所，四个人挤在一起。这些经历都是她未曾料想到的。

第三关，是“饮食关”。平时她胃口小，吃不了什么东西。这里早晚吃稀粥，穿插的是玉米面窝头，让她根本吃不饱，并且还难消化。所以，她做梦都是吃好吃的，醒来之后，是黄粱一梦的惆怅。

第四关，是“方便关”。这关对她来说也最难过，农村的厕所都十分简单，缸上搭个板子就是了。这还不“致命”，最要命的是不方便，要跑出去。一次，她吃绿豆粉面条，半夜闹肚子，便壮着胆子跑出去，结果大门还锁了，她又急又怕，突然灵光一闪，想到了之前家中养的猫咪，她便找了个地方挖了个坑，畅快后再填上，并在上面撒了些落叶，然后才灰溜溜地回到床上。

第五关，是“卫生关”。干净了半辈子的她，那段时间算是体会到了水资源的宝贵，洗手洗脸都舍不得用，吃饭也只用手背一抹就算可以了。

下乡生活，苦是苦，关多是多，杨绛却不觉得苦和难以战胜。因为她有自己特有的慰藉，那就是钱锺书的来信。像过往的谈恋爱时期，他的信每天都有，用规矩的小楷记录着所思所想所行。杨绛将这些来信视如珍宝，读完后将它们一一贴身带着，想起来的时候再拿出来读一遍，然后再很规整地折好放起来，所以她口袋总是鼓鼓的。虽然信中的内容没有什么不妥，但经过一些世事，她心有余悸，她不太放心将它们放在别处，除了自己身上。

只是，时日久了，衣袋实在装不下了，她只好抽出信藏在提包里。然而，身上是轻了，心上却重了，最后只得硬着心肠把信付之一炬了。

他们的爱情委实令人羡慕，他们总是懂得如何在生活中"苦中作乐"。因为彼此在一起的力量，他们也更懂得命运带给他们的诸多苦难不是为了让他们对人生失望，而是要将他们打磨得更加坚强，让他们更坚忍地去迎接美好的生活。

人生在世，"一帆风顺"也不过是个美好的祝福，磨难在所难免，最重要的是如何保持坚忍，蹚过世间的黑暗，走向黎明，如同杨绛这般。

真正的平静，来自内心。若是一颗躁动的心，无论幽居于深山，还是隐没在古刹，都无法真正获得安静。在岁月的风华里，心不能是招摇的枝丫，而应是静默的根系，深埋于地下，不为尘世的一切所动，只求自身的简单和丰盈。

诚如杨绛。从1911年到2016年，这位105岁的名门闺秀、文学大师，经历无数世事变迁，却依然保持着从容淡定，百年岁月风尘亦难掩她的风华。如此的她，更是给这个喧嚣躁动的时代以一种温润的慰藉，让我们心生“活着真有希望”“活着真美好”的喟叹。

她说：“我和谁都不争，和谁争我都不屑。”

她就这样行走于人间，一路温暖，一路微笑，一路获取感动。在生命的坎坷和摇曳中，在浮华的岁月和寂静的流年里，始终保持着应有的沉静和稳妥。

她用她的一生诠释了八个字：人淡如菊，安之若素。

倾谈六

人淡如菊，安之若素

杨绛传

且以优雅过一生

黑暗

壹

1966年，杨绛和钱锺书一前一后遭到监管。

工资没有了，存款也被冻结了，只给一点点生活费，吃的也都被限制了，只允许吃窝头、咸菜和土豆。此外，穿着等各个方面都受到了限制。但是，事情并没有就此告一段落，斗争会成了日常，隔三岔五就会有一次，弄得人身心俱疲。

当时，对知识分子的迫害方式有很多。钱锺书的头发就被剃成了纵横的两道，成了一个“十”字。这也是当时那个时期所谓的“怪头”。这样肯定不好见人，杨绛便想了一个妙招，干脆把钱锺书所有的头发都给剃光。

可是，没想到没过两天，杨绛也遭受了这“待遇”。那是杨绛人生中最不幸的一天。那天，她回家比较晚，一进院就看见大楼前的台阶上站满了人，王大嫂一见到杨绛就偷偷摆手，示意她退出去。可是，她还没来得及回避就被“极左大娘”看见了，喊着她的名字将她喝住。她只好硬着头皮走上了台阶，站在了钱锺书的旁边。

其实，他们夫妇俩都是陪斗的，却无法避免被整。那个用杨柳枝猛抽她的姑娘，拿着一把锋利的剃发推子，把杨绛和当时旁边的两个老太太的头都剃成了“阴阳头”。当时有一位女士含泪合掌向那个姑娘拜佛似的求饶，终幸免被剃头。这样的举动，杨绛是绝对做不出的，她就由着那个姑娘将自己的头发给剃了。

同样被剃了“阴阳头”，一个退休干部，可以躲在家里不出去；另一个中学校长，素来穿干部服、戴干部帽，可以戴着帽子上班。但杨绛不行，她没有帽子，大夏天也不能包头巾，又不能躲在家里不出门。

钱锺书急得不知怎么办才好，结果到头来还是杨绛反过来安慰他，说“兵来将挡，水来土掩”吧。结果，还真被她想到了办法。几年前女儿阿瑗剪下两条大辫子，杨绛一直用手帕包着留在柜子里。于是，她便找了出来，熬了一夜，自己做了个粗糙的假发套。为此，她还打趣说小时候很羡慕弟弟剃光头，没想到现在算是实现了“半个”愿望。

只是，她发现戴上之后真假发之间的区别太大了，假发套不透风，颜色与真发也不一样，但是没有其他更好的办法了。

第二天，她硬着头皮戴着假发出门了。

坐公交车的时候，杨绛一上车就被售票员看了出来，对着她大喊："哼！你这黑帮！还想上车？"杨绛又气又恼，辩解说："我不是黑帮！"乘客们都好奇地看着她，她心里想："我是什么？牛鬼蛇神、权威、学者，哪个名称都不美，还是不解释为妙。"所以，她忍受着无数异样的眼光，坚持到下车。只是，此后一年之内，她再也不敢坐公交车，上班下班全靠两条腿。

大街上也不安全，人们发现了她奇怪的头发都指指点点；买菜的时候，没有谁愿意卖给她，后来每天都是钱锺书去买菜，她只负责一周出去买一次煤。即使这样，她走在大街上还是会提心吊胆，生怕会有什么事发生。后来，她终于托人买了个蓝布帽子，可是孩子们眼尖，总能认出来，然后伸手去揪她的假发，所以她看到孩子们都躲得远远的。

那时的"运动"把一切都颠倒了过来：文学所的小刘原本是打扫卫生的临时工，现在则肩负起监督文学所全体"牛鬼蛇神"的重任。当时，包括杨绛夫妇、何其芳、俞平伯、陈翔鹤等专家都属她监管。

杨绛的工作是打扫厕所，钱锺书的工作则是打扫大院。他们每天不是劳动改造，就是写检查，一切曾经正常的工作都被取消了。

打扫厕所本是小刘的本职，现在是杨绛的了。杨绛在仔细看过两间污秽不堪的厕所后，置备了几件有用的工具，比如小铲子、小刀子，又用竹筷和布条做了个小拖把，还专门带了些去污粉、肥皂、毛巾、小盆等之类的物件，放在厕所里。没几天，厕所竟一尘不染。后来，翻译家潘家洵的夫人还对杨绛说起："人家说你收拾的厕所真干净，连水箱的拉链上都不见一丁点儿的灰尘。"

杨绛回忆说："小刘告诉我，去污粉、盐酸、墩布等等都可向她领取。小刘是我的新领导，因为那两间女厕属于她的领域。我遇到了一个非常好的领导。她尊重自己的下属，好像觉得手下有我，大可自豪。她一眼看出我的工作远胜于她，却丝毫没有忌妒之心，对我非常欣赏。我每次向她索取工作的用具，她一点没有架子，马上就拿给我。"[①]这番极具幽默感的话也只有杨绛才能如此巧妙地说出，听罢让人忍俊不禁。

不过，在那个特殊的年代里，杨绛并不反感这样一份工作，反而很庆幸，因为收拾厕所有着意想不到的好处：比如，可以躲避红卫兵的"造反"；比如，可以销毁"会生麻烦的字纸"；比如，可以"享到向所未识的自由"，摆脱"多礼"的习惯，看见不喜欢的人"干脆呆着脸理都不理"，"甚至瞪着眼睛看人，好像他不是人而是物。决没有谁会责备我目中无人，因为我自己早已不是人了"。

① 出自杨绛《丙午丁未纪事》，《收获》，1986年第6期。

在她看来，这是“颠倒过来”意想不到的妙处。所以，她在做着这份工作的时候，并不觉得苦。

1969年，他们一大批知识分子被集中到一起生活。由于他们两个年纪比较大，所以允许他们俩回自己的地方住，但也要按时参加集体的学习和训练。

他们不在同一单位，训练的地方也不在一起，不过都在同一食堂吃饭，所以他们俩偶尔可以在食堂外见一面、说说话什么的。11月3日那天，天气奇冷，杨绛正在学校门口等公交车，猛然发现钱锺书在人群中正向自己走来，很匆忙的样子。杨绛心想，应是有什么事情发生了。

果不其然，钱锺书走过来凑近她，小声道：“待会儿告诉你一件大事。”然后就跟着杨绛一起上了公交车。在公交车上，他告诉杨绛说组织上要安排他去干校，这个月的11日就得走。杨绛听后，心里一惊，这个变故太突然，她没有任何心理准备。她原以为会跟钱锺书一起庆祝他的60岁生日，没想到这个愿望泡汤了。

这次下干校，跟之前的下乡完全不是一回事，这次不但人得过去，连行李、家当也都要一起搬过去。这就代表着回来的日子遥遥无期。

动荡岁月里的人们都像极了浮萍，生活过得风雨飘摇。

杨绛想不了太多，忙着帮他收拾行李，并连夜帮他赶出了所有二次加工的衣服。因为此次目的就是锻炼和劳动，所以她凑了很多段绸子，用缝纫机连接在一起，做成了一个耐脏的毛毯套子；又把一条裤子容易磨损的地方重新加厚了一下，有横有纵的线交织在一起，十分厚实，钱锺书很喜欢，说像一个走到哪儿带到哪儿的垫子。

那时，女儿阿瑗刚结婚不久，嫁给同校的历史系老师王德一。两人有共同的爱好——绘画，又同在学校的美工队里，且都是毕业后留校做的老师。他们志趣相投，情投意合，是天生一对。

那天，杨绛领着女儿和女婿一起到车站送钱锺书。伴随着火车的远去，杨绛的心似乎被带走了。此次，钱锺书去的地方是罗山县的五七干校，位置偏僻，条件艰苦。彼时，他们二人依然保持着书信的往来。

钱锺书去了干校后，杨绛在北京的日子也不好过，虽然温饱不是问题，但高强度的体力活让她很吃不消。那时，她被分配到挖防空洞的地方，还要把书运进去。这个绝对是大工程，而且还是超强的体力活，而彼时的杨绛已经年纪不小，加之十分瘦小，做起来很吃力。

幸运的是，她平时为人和善，且乐善好施，很多人都接受过她的帮助，当她帮助过的人看到她做这项“任务”力不从心时，便过来帮她。她要帮对方织一套毛衣作为报酬，但对方执意不要，说只是不忍看着她一人受苦。后来，她被下放到干校的时候，行李也是所里的年轻人帮忙打包送来。在那个人人“独善其身”的年代里，能得到如此之多的人的帮助真是十分难得的事。

然而，这个时候一件不能承受的悲剧发生了。她的女婿、阿瑗的丈夫王德一被扣上了“过左派”组织者的帽子，并被限制了自由，被要挟须交出名单来。这个善良的年轻人曾经对杨绛说过：“我绝不能捏造个名单害人，我也不会撒谎。”最后，在杨绛被下放干校的前夕，他含冤自杀。

杨绛还没从女婿离去的悲痛中走出，又一件悲剧发生——妹妹杨必因急性心脏衰竭不幸去世。接着，父母和三姑母的墓也被破坏掉，很多好友也在蒙冤中逝去。

接二连三发生的这一切不幸，都让杨绛欲哭无泪，备觉心伤。

去干校的那天，看着独自前来的女儿阿瑗，她的心头涌起了万般滋味。看着阿瑗形单影只的样子，她心疼得不能自已，于是让阿瑗回去，但阿瑗就是不肯。坐在车里，她只有闭上眼睛，不看窗外女儿孤零零的身影。虽然她不敢再多看一眼，但脑海里还是出现了女儿独自在凌乱的家中收拾房间的样子。于是，她连忙睁开眼睛寻找阿瑗，却没有找到，眼泪就止不住地流了下来。泪水流在脸上，心痛得不能自已。可是，又能如何？人的力量如此弱小，什么也不能改变。

时隔不久，她见到了钱锺书。此时的钱锺书仿佛变了个人，又黑又瘦，看起来像是遭了不少罪。其实，交给他的差事算是优待了，只需要看看东西，巡巡夜，偶尔做做“信差”，这在当时绝对是清闲的工作。更美好的是，那时他做“信差”要走的路线正好经过杨绛守着的菜地，所以每次都可以和杨绛在田边聚一聚。后来的岁月里，杨绛还将这段时间里的约会记录下来：“我们老夫妇就经常可在菜园相会，远胜于旧小说、戏剧里后花园私相约会的情人了。”①

有一次，杨绛找到钱锺书控诉，说今天有猫儿给她送礼了，礼物是两只血肉模糊的老鼠，就放在她的床上。回去时，她没有开灯，一手就摸到了，开了灯后，她的魂都被吓得不见了，跟同住的朋友一起拎着床单角才敢倒掉。第二天，天还没亮她就起来了，一桶接一桶地提水来洗床单，都不记得洗了多少遍，只记得床单上的血怎么洗也洗

---

① 出自杨绛《干校六记》，生活·读书·新知三联书店，1981年版。

不掉。

钱锺书听后安慰她道："这是吉兆，也许你要离开此处了。死鼠内脏和身躯分成两堆，离也；属者，处也。"知妻莫若夫，一句话就将她逗得哈哈大笑起来。

所谓"既来之，则安之"，虽然各方面条件都不如人意，但她未曾放弃过自己的创作。她根据自己在干校的种种经历，创作了后来脍炙人口的《干校六记》，生动形象地记录了当时的一切。

她的文章风格朴实无华，善于用最平实的语言，掩盖很多残酷的事实，体现了她乐观的一面，就像之前创作喜剧那样，她用她的态度记录着一切。

就在那年年底，钱锺书来到田边找杨绛，告诉她有人对他说，北京来电话让一批"老弱病残"先回北京，名单里有他的名字。杨绛听后自然十分高兴，毕竟锺书的身体一直不好，干校的生活条件实在太艰苦，而且他要是回去了还能有人陪着阿瑗，她也能因此有一年一次的探亲机会。

只是，待到名单公布之时，不知什么缘故，全然找不到"钱锺书"的名字，中途发生了什么不得而知。而之前，钱锺书之所以跟她分享这个喜悦的消息，也是因为自己去邮电所取回确认名单时亲眼看到了自己的名字。

世事无常，在那个时期更是无常。

罢了，既然如此，还是照常过日子吧。冬天都来了，春天还会远吗？如此几番，他们早已经过了几多的大风大浪，这时平静最是难能可贵。

只有经历了暴风骤雨，才会懂得，波澜不惊更是一种超脱。

正是因为他们有这种淡然沉静的心态，他们一家人才携手走过了这黎明前的黑暗。

彩虹

终于，守得云开见月明，他们获得回京的批准。

这时，已是1972年，因为受到了周总理的特殊关照，也因身体和年龄的缘故，他们成了第一批回来的人员。

几年的动荡不堪，并没有磨灭掉他们对平静生活的期待。

刚回北京时，阿瑗把他们接到了自己住了三年多的大学寝室。那是一个三楼朝北的房间，非常阴冷，阿瑗一个人住也疏于收拾。一进屋，他们看到的是一个又脏又乱的房间，似乎很久都没有收拾了。阿瑗不爱整洁，一点也不像杨绛。

看到这番脏乱的景象，杨绛还来不及生气就笑了。当时，很多邻居看到阿瑗的爸爸妈妈来了，便纷纷过来，还带来很多生活日用品，这一下就解决了他们在这里最基本的生活问题。

杨绛和钱锺书深感欣慰，觉得女儿能如此获得周围邻居们的关爱不失为一种幸运。

几番辗转，他们一家人终于得以团圆。后来，杨绛还在《我们仨》中写下了这段时间的感受：“屋子虽然寒冷，我们感到的是温暖。”

这个房间实在阴冷，到了冬天更严重。后来，阿瑗的一个同事实在看不下去，便将一处小黄楼的房子让给了他们住。这里的阳光很好，于是他们一家人欢欢喜喜地忙活着搬家了。只是，这次衣柜上的灰尘闯了祸，钱锺书“拙手笨脚”地打扫时，不小心吃了很多灰尘。尽管杨绛发现了他这一危险行为并及时制止了他，但他的哮喘病还是复发了。

多年的哮喘，加之长时间的严寒攻击，这一次钱锺书病得很严重。他已经不能起床，只能卧床半靠着，在医院开了些药吃，却久不见好转。每每听着他哮喘发作时的呼吸声，杨绛的心都被揪得疼。

一天下午，杨绛惊觉他的呼吸声很不正常，便忙带着他去医院挂了急诊，她十分坐立不安，因为她觉得他的呼吸仿佛随时会停止一般。在医院急救了四个小时，钱锺书总算缓过来了。回来后，她才发觉自己的左眼球的微细血管都急出血了。

再后来，他们俩住进了学部7号楼西侧尽头的办公室。在这里，他们一住就是两年，吃饭、睡觉、学习、写作都在这间办公室里。他们曾想过就在这间办公室里养老，因为周围的邻居都非常友善，尽管条件简陋，但他们觉得住得舒心。钱锺书那部笔记体巨著《管锥编》就是在这里完成的初稿。

这部被称为“国学大典”的《管锥编》，在整个创作过程中都需要查证资料，且数目庞大，幸好住在这里，因为文学院的图书资料室就在离他们很近的六号楼。这就省却了不少劳顿、麻烦。

钱锺书曾经是这里的主任，这里的藏书十分全面，就连外宾见到了都叹为观止。爱书的他们二人，因为靠近这宝藏而幸福满满。

钱锺书总说：“书非借不能读也！”所以，他常常借书来读，读过之后记了笔记便还。他们还喜欢赠书，尤其是钱锺书，无论是自己的作品还是家中的藏书，如果觉得对别人的学习抑或工作有益，他便会毫不犹豫地赠送给对方。当时，很多人都曾收到过他和杨绛赠送的书。

这段时间里，他们经历了惊险，也经历了温馨，更经历了惊喜。

惊险的是，有一次，他们两个人都没有注意到烟囱的出气口被堵住了。那日杨绛还在睡前吃了安眠药，神奇的是梦中突然闻到了味道，只是一时无法醒过来，突然一声闷响，她意识到是钱锺书摔倒在了地上，于是心头一急竟然醒了过来。醒来后，她急忙扶起钱锺书，然后快速开窗通风。

原来，在梦中钱锺书也闻到了煤气的味道，于是想起床去开窗，谁知因为吸入了煤气，头一昏就摔倒了，也亏得他这一摔惊醒了杨绛，否则后果不堪设想。

那天，他们俩就开着窗，围着棉衣，坐到了大天亮。

温馨的是，钱锺书的体贴。那时北京已经用煤气罐取代了过去的蜂窝煤。那天睡觉前，杨绛把煤炉熄了，谁知第二天早上，钱锺书照旧端着早餐出现了，拎着她喜欢的猪油年糕，脸上还显出颇为得意的神情。起初，杨绛没理会，钱锺书只是笑眯眯地吃，也不言语。吃着吃着，杨绛突然想到钱锺书不会用煤气罐，因为他压根就不会划火柴。于是，忍不住好奇地问："谁给你点的火呀？"这时，钱锺书才得意地说："我会划火柴了！"

爱情的力量真是大。以前在英国时期，早餐便是钱锺书准备，他们这一路携手走来，也有几十年之久了，他一直坚持为她做一份温馨的早餐。而今，他更是为了给她做早餐，第一次学会了划火柴。不得不说，爱情的力量实在难以想象。

惊喜的是，阿瑗找到了属于自己的一段美满姻缘。

在杨绛和钱锺书下放干校期间，阿瑗帮助了一位老太太。那时，老太太被要求扫大街，当时阿瑗并不知道她是谁，只是出于善意帮助了她。后来才知道，这位老太太是一位总工程师的夫人，极有学识。某一天，这位老太太亲自来到他们家拜见杨绛和钱锺书，说是有一件事情希望他们给予成全。

原来，老太太对阿瑗的印象特别特别好，觉得她十分善良，于是有心让她做自己的儿媳妇。老太太此次来，就是跟他们俩商量这件事的。起初，阿瑗不大愿意，毕竟经历了之前的生离死别，她已心灰，她只想这一世都留在爸爸妈妈身边。这时，杨绛适时地对她说道：“将来我们都是要走的，撇下你一个人，我们放得下心吗？”孝顺的阿瑗自是明白妈妈的心意，于是同意了这段姻缘。

也很好，这段姻缘后来很美满。

到了1977年，一切黑暗都已过去。

所有人都在准备迎接崭新的生活，杨绛和钱锺书终于有了新的住所——位于三里河南沙沟的国务院宿舍。

这处住所令人舒心，不仅宽敞，而且十分明亮。他们一家人专门选了立春的好日子正式搬了进来。

对于这次搬家，他们谨小慎微，绝不允许钱锺书动任何手，而是将他当成一件“行李”保护起来，用专车直接拉到新家。

其实，说起这套房子，还是有很多蹊跷的地方。当时，有人直接到杨绛的办公室，将一串钥匙放在她的手中，并且预备了汽车，最后还嘱咐了一句：“如有人问，你就说‘因为你住办公室’。”

对于这份神秘的大礼，他们费了一番思量才猜到是谁送的，应该是胡乔木。当时，作为毛泽东的秘书，他曾推荐钱锺书担任《毛泽东选集》英译委员会主任委员，主持《毛泽东选集》的英译工作。曾经，钱锺书花费了很多时间，主持了《毛泽东选集》四卷的英译工作。

一直以来，胡乔木都很关心他们夫妇俩的生活，在他们住办公室的那段时日里，他还专门寄了治哮喘的方子给他们。所以，他们二人猜测这房子可能跟他有关系。直到有一次他到访后，他们终于确认了这个猜测。那天，他来并没有提及房子的任何问题，却因看到他们在大门口放了一张床，才忍不住问了他们：“房子是否够住？”杨绛答道：“始愿不及此。”

对于他的这一情分，似乎只这一句话算是表示感谢了。说起来，这房子确实不错，要知道当时的钱锺书什么干部都不是，却住进了干部楼，这绝对是一种优待了。

三室一厅的房子很宽敞，于他们而言居住绝对绰绰有余。然而，因为他们书多，慢慢地，书房不够用了，连客厅也变成了书房的一部分。这十分符合他们爱书的气质。他们的房间摆设十分简单，书房里的书架却气派十足，满满几大书架书像极了图书馆，古今中外的书种类齐全。令人钦佩的是，这里的每一本书他们都一一读过了。

他们这对知识分子夫妻没有什么大钱，生活也一直很节俭，唯独在书籍方面毫不吝啬。只要是没看过的书，他们都有兴趣读一读，且无论中外书籍，他们都会动用一切渠道去买。

杨绛时常打趣钱锺书，称呼他为“书痴”，实际上她自己丝毫不逊色于他。

那时，他们家有两张书桌，一大一小。大的是钱锺书的，小的是杨绛的。杨绛戏说钱锺书名气比自己大，所以要用大的书桌才行。钱锺书的东西确实多，《围城》一火，他的读者来信多得数不清。另外，还有一些场合的邀约函，以及一些没读完的书，他总是都堆在书桌上。

“人红是非多”，那时，疏于跟外界打交道的他们俩，有时会被人说清高傲慢、孤芳自赏。对于这些评价，他们俩一律付之一笑，不去争辩，也不愿去争辩。

那时，著名艺术家黄永玉和他们住得很近。黄永玉说，回老家带来了一些湘西土特产的话，给杨绛他们家送去的时候，都是敲敲门就放下离开而从来不去敲他们家的门，知道他们开门的时候会自己拿进去。黄永玉心里很清楚，时间对他们来说贵如珍宝，不忍心打扰他们。

他们俩自始至终保持着低调，一些可参加可不参加的活动他们都尽量不参加。如果有人上门拜访，也是杨绛在门口直接回绝了，她总自嘲说是钱锺书的“拦路虎”，因为拒绝别人的事，总是自己做得多。

钱锺书的弟弟曾如此形容过他的大嫂杨绛：“她像一个帐篷，把大哥和钱瑗都罩在里面，外在的风雨都由她抵挡。她总是想包住这个家庭，不让大哥他们吃一点苦。”

诚如斯言，从他们俩在一起，家中之事无论大小都是她在打理。大到人情世故，小到钱锺书的衣着打扮。

因为深爱钱锺书，所以，在杨绛心中，钱锺书的任何事都比自己的重要。她很少提及自己的事，提过意见的似乎只是对钱锺书的“誉妻癖”。

对杨绛，钱锺书除了满满的爱意，还有满满的赞誉，并且这赞誉包括方方面面，无论生活上还是工作上。这一赞誉中不仅有他对爱人的认同，也有他对朋友与知己的欣赏。

朋友曾笑他有“誉妻癖”，于是，他回家说给杨绛听。杨绛便问他：“你誉我没有啊？”

钱锺书答：“我誉了。”

“你誉我什么了？”

钱锺书说了三件事："一件是话剧《称心如意》上演，在上海一夜成名，可你还是和从前一样，一点也没变，照旧烧饭洗衣。""还有一次日本人抓你，你沉着冷静，和从前一样，一点也没变，照旧烧饭洗衣。""一次，家里煤油炉过满，火着老高，周边都是干柴，你走来，灵机一动，抄起旁边的尿罐扣上去，火柱立刻灭下。"

杨绛笑说："快别说了，'呆大'。"

钱锺书并没有说假话，在他眼中，杨绛不仅有才情，而且最重要的是贤淑，是这世间难寻的伴侣。

他曾说："杨绛的散文是天生的好，没人能学。"

他还曾对杨绛说："照常理我应该妒忌你，但我最欣赏你。"

世间最好的你情我爱，不过如此。

他们在蹚过了黑暗之河后，于一片晴好的岁月里，携手过着他们与世无争、宠辱不惊的小日子。

如此，真好。

远去

被列为“外国文学名著丛书”之一的《堂吉诃德》，计划翻译为中文时，编委会的领导林默涵因为之前看过杨绛翻译的作品《吉尔·布拉斯》，便决定由她来翻译这部作品。

在西方文学界，《堂吉诃德》有着举足轻重的地位。为了更准确地翻译这部作品，杨绛从1959年就开始自学西班牙文了，到了1961年才开始正式翻译，到1966年，她翻译完成了整本书的四分之三的内容，因为“文革”中途被迫停滞，直到1967年才全部完成。

她用的翻译本，也是最贴近作者本意的西班牙皇家学院院士马林编著的最权威版本。

这部作品在经历“破四旧”时还险些丢失。那时，为了安全，杨绛几乎销毁了家中所有带字的东西，却唯独不舍得将翻译了大半的

《堂吉诃德》毁掉，毕竟里面凝聚着她多年的心血。于是，她想了多种办法，想要将它更好地藏起来。

最后，她抱着这厚厚的稿子挤上了公交车，准备去办公室，将它交给可靠的人保管。她觉得办公室的组秘书还不错，平时对自己也很友好，于是希望他能帮自己这个忙，谁知组秘书表现得很模棱两可，于是她只得作罢。

后来，她将它交给了小C，一个之前的通信员，经过“改革”成了一个很有地位的人。谁知，他认为《堂吉诃德》是部“黑稿子”，于是径直拿走了，留杨绛一人站在那里愣住了。

之后，她因此接受了多次“教育”，要求她去掉自己脑袋中的“黑思想”，此时，她借此机会向组织申请，能不能暂时把收缴的稿子还回来，好对照着“黑稿子”修正自己的错误思想。组织上答复说：“黑稿子”太多了，一下子找不到了。

不幸中的万幸，后来她被安排打扫厕所，她竟经由这份工作得以找到自己的这部稿件，只是还未来得及拿走就被发现了。结果只好作罢，不过还好，有了个念想，知道这稿子还在。

后来，她恰好遇到了已经成为学习小组组长的组秘书，于是趁着晚上学习的时候，写了张字条给他，请求他帮自己找回稿子。第二天，果不其然，他就将稿子还给了她。

接到稿子的那一刻，她激动得不知道如何表达，只是紧紧地抱着它，心想它终于回家了。

再后来，她经历了下干校的“冷却期”，再看自己之前翻译的稿件，不太满意，于是决定重新翻译。

《堂吉诃德》定稿的时候，正值钱锺书的《管锥编》手稿校对工作刚刚结束。于是，钱锺书提议和杨绛交换题签。杨绛当时笑着说：“我的字那么糟，你不怕吃亏吗？”钱锺书则回答道：“留个纪念，好玩儿。”

世间也只有他们这对文坛的“神雕侠侣”可如此“笑傲江湖”了，委实令人艳羡。

1978年，人民文学出版社出版了这部作品，填补了我国西班牙语文学翻译的一个空白。中译本的《堂吉诃德》很快受到了西班牙方面的高度肯定。当年5月，西班牙访华先遣队访华时正赶上北京书店门前排长队购买《堂吉诃德》一书的盛况，这让先遣队印象十分深刻。同年6月，西班牙国王和王后访华时，杨绛因在中国和西班牙文化交流上做出的贡献而应邀参加了国宴。不久，西班牙国王亲自颁奖给她，授予她“智慧国王阿方索十世十字勋章”。

杨绛不仅翻译了《堂吉诃德》，而且围绕着整本书发表了一组论文，阐述整部作品的艺术价值和存在意义。

因为这部作品，她也被推举为中国翻译家学会的理事。

当时，西班牙驻华大使多次邀请她出访西班牙，前后邀请了三次。前两次她都礼貌地拒绝了，到了第三次，她心中有些不忍，便自嘲“赖不掉了”，钱锺书还为此打趣她说：“三个大使才请动她！”

1983年，她随着中国社科院代表团出访了西班牙。后来，她和钱锺书都成为中外文化交流的友好大使。多年的留学经验以及后来的文学研究、创作工作，使得他们深知，掌握一门外语是一件多么重要的事情。所以，她经常鼓励年轻人多学会一门外语。

多年里，她和钱锺书用亲身的经历告诉年轻人，希望大家可以少走弯路，不要放弃最重要的东西，并“现身说法”，让听者们受益匪浅，也让更多的人投身到外语的学习中来。

除了翻译工作，杨绛的小说创作也一直没有停止过。1981年，她开始整理自己的小说作品《倒影集》，旨在把自己比较优秀的作品集中在一起发表。作品以描写20世纪40年代的女性生活故事为主，包括《大笑话》《玉人》《鬼》《事业》，以及最初的《璐璐，不用愁！》，并于次年出版。这些作品都保持着杨绛诙谐、幽默的叙述方式。

钱锺书认为《大笑话》是她写得最好的一篇中篇小说，虽然文章看起来夸张，却十分幽默，讽刺意味极强，描述的是一个由女人们构成的世界：她们的形象虽然光鲜靓丽，却汇聚成了一幅“百丑图”。

在他们那个温馨的家中，杨绛和钱锺书每个人的作品都有两个固定的读者，阿瑗分别是他们两人的固定读者。一次，阿瑗跟钱锺书聊起他们两人的写作时，一语道破了他们二人的风格，说妈妈的散文像清茶，一道道加水，还是芳香沁人。爸爸的散文像咖啡加洋酒（whisky），浓烈、刺激，喝完就完了。钱锺书听罢，很认同她的看法。事实上，在他的心中，杨绛的散文始终要好于自己，他是从心底里欣赏杨绛的作品。对于外界对杨绛的称赞，他也很骄傲。

就这样，他们在一起，于岁月的流转中，转眼间到了暮年。在一起走过的几十年里，他们经历了爱情，也经历了动荡，相扶至今。

杨绛曾为此开玩笑说，他们已经是“红木家具”，看起来结实，实际上是用胶水粘着的，一碰就容易散架，挪不了。

于垂垂老矣的暮年里，他们更加珍惜牵手的日子。

年轻时杨绛身体一直不太好，吃的东西也不多，一直很瘦小，没想到老了之后，却是钱锺书的身体不好，经常感冒。

为了方便，杨绛专门跟护士学会了如何打针，并亲自给钱锺书打。

1994年，钱锺书住进了医院，检查的结果是膀胱癌，手术的过程中还发现了右肾萎缩坏死，便一并切除了。这场大手术让年岁已高的钱锺书元气大伤。为此，杨绛在他手术后的50多天里一直陪伴在他身旁。有医生和护士看着年迈的她疲惫的样子，便劝慰她回家休息，换其他人照看。然而，她总是面带微笑地说："锺书在哪儿，哪儿就是我的家。"

钱锺书看了很心疼，便让她找别人来替，她却无论如何也不肯，她不放心任何人来照顾钱锺书，只有亲自照顾他，她觉得他才会恢复得快且好。所以，每次当钱锺书提及请人来替她时，她就转移话题。钱锺书深知她的秉性，便只好作罢，再不提这事。

待到钱锺书出院的时候，原本就很瘦小的杨绛走起路来都显得摇摇晃晃，看了让人疼惜不已。那时，女儿阿瑗为了让钱锺书恢复得更快，特意搬过来小住了一段时间。阿瑗总会带来一些外面的新鲜事，讲给他们听，往往会将他们逗得大笑不已。那段时间里，岁月变得久违的美好。

只是，刚出院不多久，老是反复的病情让钱锺书再次住进了医院。这一次一住就是四年之久，直到生命结束。

这次的病症更不乐观，在他的膀胱颈上也发现了癌细胞，手术后又出现了肾功能衰竭，紧急抢救后只能通过血液透析维持着生命。他的身体愈发虚弱，慢慢地连话也不能说了。

如此状态的钱锺书更是让杨绛牵肠挂肚、忧心忡忡。为了能让钱锺书的身体顶住，她每天都专门坐公交车回家，再提着熬好的鸡汤，去医院给他滋补身体。后来，钱锺书不能正常进食时，她便特意把鸡汤混在营养液中。她总是打各种各样的果泥、肉泥以鼻饲的方式喂给他，只为给他补充必要的营养。并且，食物做得极其精细，比如鱼肉的话，她用针一根根把刺剔出来后，才会打成泥；鸡肉的话，她则是将肉筋都一一挑出来的，不然绝不会做成泥。

四年来，她一直这样坚持着。那时阿瑗也很忙，工作很累。她舍不得女儿来回辛苦地跑，便让阿瑗一周来两次，跟爸爸谈心或者聊下工作。此时的钱锺书已经没有力气来聊天了，但是从他的眼神里可以看出，阿瑗每次来的时候，他都开心得像个孩子。

只是，没多久女儿阿瑗也病倒了，还住进了医院。对于杨绛，这无疑是个不能再承受的打击。

阿瑗像极了母亲，不仅学到了母亲的淡泊心性，而且还发扬了她钻研工作的精神。阿瑗很用心地做学问，先后做了北京师范大学英语系教授、中英合作项目负责人，还以扎实的英文基础，编写出《英语文体学教程》（英语版），并写出了《英语言语节奏与英诗格律》等优秀作品。

坚强、多学、刚正、多才多艺的阿瑗，一直是杨绛和钱锺书的骄傲。

只是她太拼了，每天她都备课到很晚，第二天还是最早到单位的那一个。当时，学校的人手不够，所以她兼的课也多，加之住得远，需要坐很久的车才能到学校，这样一来让她更加劳累。

她的身体越来越吃不消了，开始不舒服起来，起初是咳嗽不止，以为是感冒，然后是腰疼。家里人纷纷劝她去医院看看，她却为了节省时间只去了校医务处，结果诊断错了，耽误了病情。

校医务处说她是支气管炎，可是吃了一段时间的药，却不见任何好转的迹象。到后来，她的腰疼越来越严重，竟连弯腰都费劲了。那时母亲正照顾着父亲，她因为心疼母亲，只说腰疼是因为挤公交车闪了腰。直到有一天早晨，她起不来床，才决定去医院。到了医院一检查，确诊的是骨结核，并且脊椎已经有三节发生了病变，紧接着还发现肺也有些问题，随即就办理了住院手续。

专家会诊后的结果，更是让人心惊。她已经是肺癌晚期，癌细胞已经扩散，入院后的治疗也没能让病情得到控制。

到了此时，她还在隐瞒母亲，只报喜不报忧。当杨绛得知女儿阿瑗的病情后，简直不能相信这事竟然发生在了自己最爱的女儿身上。

考虑到母亲一人侍候父亲多年，极为辛苦劳累，所以，阿瑗固执地不让母亲来探望，她怕母亲看到自己憔悴的样子会伤心难过。当时因为化疗，她的一头黑发已经掉光了。

杨绛不敢把阿瑗的情况告诉钱锺书，只说阿瑗住院了，是骨结核，可以治好，一年左右就可以出院了。钱锺书听后说：“坏事变好事，从此可卸下校方重担。此后也有理由可推托不干了。”

只是残忍的是，她先于父亲离开了这个世界。

那是1997年的3月4日，在这之前的几天，她似乎感觉到了什么，便提出了要见母亲。看着自己心爱的孩子因为病痛被折磨得不成样子，杨绛的心里五味杂陈。

在最后的时间里，她还曾给杨绛打电话说：“娘，你从前有个女儿，现在她没用了。”

她去世的前一天，杨绛拉着她的手，对她深情地说：“安心睡觉，我和爸爸都祝你睡好。”阿瑗听后就笑了，像花一般。

阿瑗火化的时候，杨绛没有去，她照例去了医院照料钱锺书。

白发人送黑发人，这离别太痛了。她实在不忍心面对这样的场面，只在心中默默地送着女儿，愿她好走。在钱瑗充满笑容的遗像旁，摆放着一只精致的花篮，素带上写有两行字：瑗瑗爱女安息！爸爸妈妈痛挽。

阿瑗生前曾说骨灰不用留，但她走后，北京师范大学外语系的师生们不舍，便恳求杨绛将她的部分骨灰留下。后来，他们将她留下的那部分骨灰葬在了校园内的一棵雪松下。在阿瑗离开差不多一百天的时候，杨绛专门去了那棵雪松旁，安静地坐下来，念了化用的东坡的悼亡词来表达对女儿阿瑗的深切怀念："从此老母肠断处，明月下，常青树。"

后来，有人经过，她便默默地离开了。

人生相聚有之，分离亦有之，如同天命早已注定，再怎么悲伤也不得不承受。

杨绛自然能体会这人生之味，所以在女儿阿瑗去世时，钱锺书病重卧床之际，她以80多岁高龄，怀着丧女之痛，仍坚持着每天去医院探望钱锺书。明明心痛难抑，但无一丝一毫外露，还百般劝慰钱锺书，并仍亲自做饭带给他吃，一如既往地用自我的坚强支撑起这个失去爱女的破碎的家。

她曾如此说过："锺书病中，我只求比他多活一年。照顾人，男不如女。我尽力保养自己，争求'夫在先，妻在后'，错了次序就糟糕了。"①

事实上，老天眷顾她的情深，确也如此。

她一直不知该如何告诉钱锺书女儿阿瑗已经离开的事情，他还在住院，怕他经受不了这打击。她想不出更周全的计策，便一直隐瞒着这件事，并假装阿瑗很好，每天还依旧当传话员将阿瑗写的文章念给他听。

大约四个月后，钱锺书的病情比较稳定的时候，她考虑再三才将阿瑗去世的消息告诉他。并且，为了让他不至于过于悲痛，她足足花了一个星期的时间，慢慢地将这件事渗透给他。还好，钱锺书仿佛心中早已经有了预感一般，听后点了点头，没有表现出过度的悲伤。

接下来的一段时日里，他的病情相对比较稳定，杨绛稍稍松了口气。然而，时日不长，他的病情就出现了反复，他开始持续发烧。院方虽然全力想办法，并组织了专家研究处理办法，仍没能控制住他的病情。

① 出自杨绛《我们仨》，生活·读书·新知三联书店，2003年版。

杨绛意识到这是一个不好的征兆，心里有了慌乱之感。果不其然，没多久他留下了最后一句“好好活”的话，便离开了她。

最后的时间里，杨绛一直守在他的床前，用家乡话不断地在他耳边和他交流，直到他停止了最后的呼吸。杨绛在他的额头上轻轻地留下了一个吻。

这一吻，吻过了他们曾经在一起的万千美好岁月。

至此，在这世上，他们仨只剩下她一人。

那是1998年12月19日，作为中国著名作家、文学家的他离开了，追随他最爱的女儿去了。

“临行”前，他有这样的嘱咐交代给他朝夕相伴了60多年的妻子杨绛：“遗体只要两三个亲友送送，不举行任何悼念仪式，恳辞花篮花圈，不保留骨灰。”低调了一生的他要用最朴素的方式“告别”。

杨绛按照他的嘱咐，一切从简。

最后的送行，也只有家人和闻讯赶来的至亲好友。杨绛摘下眼镜，静静地且仔细地看了他最后一次，然后目送着他进入火化间。这是他们最后一次告别，却是真正的生离死别，从此再不能在这世上相见。

当一切结束，疲惫不堪的杨绛回到了住所，现在她要将钱锺书安排的最后一件事做好，那就是好好活。

她与钱锺书相爱相守六十三载，互敬互爱地对待彼此，她做了他一辈子的尾巴；他则始终崇拜着她，一辈子未曾改变过。他们用各自的一生，讲述了这世上最“纯净的婚姻”。

无怪乎无数文人羡慕他们的爱情，感叹他们不仅有碧桃花下、新月如钩的浪漫，更有着两人心有灵犀的默契与坚守。

于我，更觉他们彼此的深情，是那岁月里的静水流深、生生不息。

钱锺书住院期间，有人带着他的诗集《槐聚诗存》想请他俩签名。因为杨绛不想他被打扰，于是盖章代签，并且特意把钱锺书的名字写在自己的名字前面，一边盖章一边微笑着说：“夫在前，妻在后。”

在钱锺书离世最初的那段时间里，曾有后辈上门去看望她，谁知进门还没说话，就止不住地哭了起来。看到她一人坐在那里，孤孤单单的样子心疼不已，倒是杨绛安抚她起来。

这样的场面更让人神伤心疼，试想，一位88岁高龄的老人在刚刚经历了让人痛不欲生的生离死别后，却还能安慰替她伤心的人，委实不易。

之后的日子里，她深居简出，只与钟爱一辈子的书和属于“他们仨”的回忆相伴。

她婉拒了许多想上门拜访的人，只安静地在家看书、写字。

她曾写过一篇《隐身衣》的散文，文中提到他们夫妻俩最想要的一样法宝便是“隐身衣”，这样就可以“大隐隐于市”，躲开喧哗世界，专心看喜欢的书。

如今，她一人做到了。

优雅

阿瑗、钱锺书走后，她的生活中最常出现的词就是“我们”。

或许，在她的心中，他从来不曾真正离开过，只是换了个方式存在。她也常说，她跟他是志同道合的夫妻，都爱做学问，都爱读书，志趣相投。而阿瑗则始终是她这辈子的骄傲。所以说，他们两人从来没有离开过她的心里，始终生活在她的身边，如影相随。

某次，她翻看旧书，是孟森的《明清史论著集刊》，里面还留有钱锺书生前读书时做的一些标记，她便细细看这些标注，来揣摩当时钱锺书读时的心境，看着看着竟然猛地忆起自己小时候还对孟森先生行过鞠躬礼呢，那时她称呼他为“太先生”。似往常那般，她想把这令人觉得惊喜的发现告诉钱锺书时，惊觉原来已不可能。他已离去，在世间他们再无可能面对面对谈畅聊。过往已成追忆，斯人早已不在。

不久，她做了一个重大决定，将他们夫妇全部的稿酬都捐赠给母校清华大学，设立了“好读书”奖励基金，旨在资助成绩优异却家境贫寒的学生。希望更多努力的学生可以通过读书，也看到他们俩看到的那个美好世界。

这个决定，震撼了整个教育界。

在出席“好读书”奖学金捐赠仪式时，她曾如此说道：“在一九九五年钱锺书病重时，我们一家三口共同商定用全部稿费及版税在清华大学设立一个奖学金，名字就叫‘好读书’，而不用个人名字；奖学金的宗旨是扶助贫困学生，让那些好读书且能好好读书的贫寒子弟，能够顺利完成学业；期望得奖学金的学生，永记‘自强不息、厚德载物’的清华校训，起于自强不息，止于厚德载物，一生努力实践之。”①

对于为何设立“好读书”奖励基金在清华，杨绛回答说：“我们一家三口最爱清华。”的确，对于清华大学，他们一家三口都情深意重。清华大学是他们一家三口的母校，也是她跟他定情的地方，更是两次破格聘用钱锺书的地方，而且他们一家三口都是清华大学的著名学者，这样的缘分微妙且绵远。

这之后，她的生活依然从简，她还保持着钱锺书在世时的一些习

① 出自《老学长情牵母亲·后辈人饮水思源：清华毕业生为杨绛贺寿》，《光明日报》，2013年7月18日。

惯；房间里的摆设依然简单，没有多余的装饰，一如他们的人一般，清简、淡然，安之若素。

在她心里，最大的财富永远是那无形的知识。

92岁之际，杨绛创作了令世人读之怆然的《我们仨》。女儿阿瑗和丈夫钱锺书的相继离开，对她而言是最沉重的打击。她想把他们三人曾经在一起的那些时光记录下来，趁回忆尚且清晰。于是，就有了这部脍炙人口的作品，用至为平淡的语言记录下他们仨六十年为亲人的缘分。

最开始是朋友建议她把一家人的事情前后都记录下来，但那时她为照顾同时住院的钱锺书和阿瑗，早已心力交瘁，虽有心想写，却已力不从心。阿瑗知道了此事后，便主动要求说由自己来写，并且名字都起好了，就叫《我们仨》。

可惜那时阿瑗的身体状态已然很糟糕了，根本没办法自己完成书写，她让阿姨帮忙举着本子，自己仰卧在床上写，再没有其他好的姿势了。

杨绛看到后觉得实在太辛苦，便让她先不要写了，好好养病，病好了再写。无奈之下，阿瑗只好停笔，然而，就在停笔后的第五天，她就离开了这人世……那时，书的大纲都已列了出来。

杨绛在女儿离开后，想完成她的遗愿，便亲自执笔，来写下他们三人的往事。

写作的过程极为折磨人，但也让人心获得慰藉。因为，在整个写作过程中，她可以用自己的方式跟他们两个再聚。

回忆是以一个梦境开始的，她用一种轻描淡写的笔触，记录下那些经过的岁月。一千六百天，天天都是锦绣良辰。

《我们仨》出版后即成畅销书。一年间，《我们仨》销售五十多万册，读者的来信从天南海北飞来，诉说着自己的感动和对她的关心。她从没想过书会不会畅销，作为留下来“打扫战场”的家中最后一员，她只觉得有记录下这一切的义务和责任。

有人好奇，这样的三口之家，谁是主导呢？大家都猜测是杨绛先生，因为家中对外的事情一直都是杨绛在打理，钱锺书像是被保护起来的人，躲起来专门做学问。但是，杨绛先生的回答是：“不对，不对！我们家的三个人就像万花筒中的三面镜子，你中有我，我中有你。”

杨绛曾在《我们仨》中这么描述他们三人的关系：

> 我们仨，却不止三人。每个人摇身一变，可变成好几个人。例如阿瑗小时才五六岁的时候，我三姐就说：“你们一家呀，圆圆头最大，锺书最小。”我的姐姐妹妹都认为三姐说得对。阿瑗长大了，会照顾我，像姐姐；会陪我，像妹妹；会管我，像妈妈。阿瑗常说：“我和爸爸最‘哥们’，我们是妈妈的两个顽童，爸爸还不配做我的哥哥，只配做弟弟。”我又变

为最大的。锺书是我们的老师。我和阿瑗都是好学生，虽然近在咫尺，我们如有问题，问一声就能解决，可是我们决不打扰他，我们都勤查字典，到无法自己解决才发问。他可高大了。但是他穿衣吃饭，都需我们母女把他当孩子般照顾，他又很弱小。①

最后，只剩下她一人，独守着一隅静好时光，用文字缝制着生之岁月。

《我们仨》，便是她用百年的经历为我们对"家"做出的最好诠释。

"我们仨都没有虚度此生，因为是我们仨。"

---

① 出自杨绛《我们仨》，生活·读书·新知三联书店，2003年版。

这句话，她是说给“他们仨”听的，他们都知道彼此的心中所想。是怎样的缘分让他们共度了此生，也全都在这一句话中了。

他们离开后，她知道自己迟早也要启程，踏上继续寻找他们的路。

已至暮年，她依然写着这一生的种种事，对于生之岁再无欲无求。她说：“我心静如水，我该平和地迎接每一天，过好每一天，准备回家。”

诚如翻译家高莽说的——

有人，赞她是著名作家，她说：“没有这份野心。”

有人，说她的作品畅销，她说：“那只是太阳晒在狗尾巴尖上的短暂。”

有人，向她恳求墨宝，她说：“我的字只配写写大字报。”她太不习惯于向人赠书法字，她认为赠书法字不外是让对方摆在书架上或换来几句赞美的话。

有人，请她出国访问，她说：“我和锺书好像老红木家具，搬一搬就要散架了。”

而她说，她最大的渴望是人们把她忘记。

她只想安安静静地创作、生活，以自己喜欢的方式。

此时的她淡泊澄明已入化境，一如初生婴儿那般，唯保有一颗赤子之心。若谁赋予她任何嘉誉和赞美，都如同一种“冒犯”。她之深秀蔚然、脱俗清透，早就无须任何誉美了。

而她的作品，皆可以透过一个故事看透一个时代，一句话可以点透一个人生。

她用她的一支笔，渲染的是整个人生。

一如她在《我们仨》开篇的长梦和结尾中，用“世间好物不坚牢，彩云易散琉璃脆”[①]告诉我们的人生哲理：悲喜交加便是人的一生，婴儿落地，有人哭有人笑，由此便知道这一生注定不好走。

女儿和丈夫相继离开，她只如此说道：“我清醒地看到以前当作‘我们家’的寓所，只是旅途上的客栈而已。家在哪里，我不知道。我还在寻觅归途。”[②]

她没说过自己有多伤心，也没说过自己哭了多少次，更没说过如何悲伤地面对一个人的屋子。她只说要一直找，找到那对失散了的父女，有他们才是家。

她一生的岁月，只为这个“家”而活。

---

①② 出自杨绛《我们仨》，生活·读书·新知三联书店，2003年版。

尾

岁月风尘，难掩她的风华

在百岁之际，她曾在自己的散文集里说自己的一辈子“这也忍、那也忍”[①]，无非是为了保持“内心的自由，内心的平静”[②]。

作为著名女作家、戏剧家、翻译家和外国文学研究家、钱锺书夫人的她，她那跨越百年的人生是当今流传的“鸡汤文”所无法企及的。她的丰盈、淡泊使得她一百多年的岁月风尘都难掩她的风华。

她最爱的、爱她最深的那个人曾经给予她一个最高的评价：“最贤的妻，最才的女。”

---

①② 出自杨绛《坐在人生的边上》，上海文汇出版社，2012年版。

我想，她之后，无人可担当这美誉。也有人在采访她之后，如此感慨：她是这个喧嚣躁动的时代的一个温润的慰藉，让人看到：“活着真有希望，可以那么好。”

那时的她101岁，生活在北京一个叫三里河的地方，在一处属于国务院的宿舍小区里，她的家是几百户人家中唯一没有封闭阳台也没有室内装修的寓所。她说：“为了坐在屋里能够看到一片蓝天。”以如此心态栖身于此的她让大家看到了无限活着的美好。

在曾经的“我们仨”住过的房子里，她每日独自沉浸于整理钱锺书的学术著作和遗物，或创作自己的作品，所谓的“笔耕不辍”就是她这般，所谓的“修篱种菊”也是她这样。

她，这个经历过一百多年无情而漫长岁月的人，会让人忘掉时间的残酷，更会让人感叹在她身上老去的只是光阴，不老的是她的优雅魅力。那么多年里，无论经历了什么，她总一如既往地柔韧、清朗，独立在岁月的光影中，给人以力量，给人以温暖……

她出生于1911年，经历过硝烟四起、颠沛流离，见过世间无数悲惨、肮脏、残忍、不公之事，然而，她始终可以在世事变幻里泰然伫立，只因她从来都知道自己要做的是什么。她虽是旧时代的人，但始终与旧式女子的柔顺挨不着边——长大后，与同时代的女性不同，她自己选择了职业与丈夫；即便在上海沦陷之际，他们的生活陷入无比困顿的状态，她也不愿应恩师的邀请去当中学校长。

她从来都知道自己要做什么。这一点终身未改。

这样的她不由得让人感叹，有些人在岁月的磨砺里，可以像极了陈年佳酿，历久弥香、醇厚芳香。

有人曾如此写道："一个人经过不同程度的锻炼，就获得不同程度的修养、不同程度的效益。好比香料，捣得愈碎，磨得愈细，香得愈浓烈。我们曾如此渴望命运的波澜，到最后才发现：人生最曼妙的风景，竟是内心的淡定与从容……"

杨绛的一生确实是这样磨炼过来的。

2016年5月25日凌晨，杨绛走完自己的百年人生，在北京协和医院病逝，享年105岁。

杨绛曾经翻译过英国诗人兰德的诗句："我和谁都不争，和谁争我都不屑；我爱大自然，其次就是艺术；我双手烤着生命之火取暖；火萎了，我也准备走了。"她时常也这么说。[①]

其实，早在钱锺书生病的日子里，杨绛就希望自己这堆火萎谢了。如今，她的责任尽完了，独我的现场也早打扫干净了。她真的累了，她想要找她的阿瑗和锺书去了。

也好，缺少了两人的孤清岁月，再坚忍也是凄凉。寻找他们俩的

① 出自杨绛《杂忆与杂写》自序，生活·读书·新知三联书店，2010年版。

路途，会再现“我们仨”的温暖。

而于我们世人，纵然她已远去，她的深情和优雅则依旧在岁月的轮回中静水流深，且生生不息。

且以优雅过一生

杨绛传

附
一

杨绛生平大事年谱

1911年　出生　7月17日，生于北京一个开明知识分子家庭，祖籍江苏无锡。辛亥革命后，迁居上海宝昌路。

1913年　2岁　父亲杨荫杭任江苏高等审判厅厅长，驻苏州，全家迁居苏州大石头巷。

1914年　3岁　父亲因国家法令，本省人不得为本地司法官，调任浙江高等审判厅厅长，驻杭州。随家人迁居杭州保俶塔附近。

1915年　4岁　父亲因杭州恶霸杀人案坚持司法独立，与督军、省长意见不合，调任北京高等检察厅厅长。随父居于东城，在贝满幼儿园上幼儿班，后又迁居西城东斜街。在西单牌楼第一蒙养院上学前班。

1917年　6岁　秋季，在第一蒙养院学前班毕业，在辟才胡同女师大附属小学上一年级。10月17日，在上海读书的二姐于广慈医院病亡，时年15岁。本年，张勋复辟。

1918年　7岁　秋季开学，升初小二年级。

1919年　8岁　秋，父亲弃官南归（辞职尚未获照准），杨绛跟随家人回无锡，不住老家，租居沙巷裘氏宅。父亲大病，濒临死亡边缘。家贫，幸获好友陈光甫、杨翼资助。开始在大王庙小学上学。

1920年　9岁　2月，跟随大姐、三姐到上海启明学校上学，寄宿校内。大姐已经毕业，在启明当教员。暑假后，全家迁居上海静安寺路爱文义路迁善里。父亲在上海申报馆任职，兼当律师。

1923年　12岁　父亲决意在苏州开律师事务所，于是举家迁苏州，先租居潘氏宅，后用人寿保险费购买庙堂巷一破宅。秋季开学，和三姐考入苏州振华女中。

1925年　14岁　跳一级，提前于暑期初中毕业。

1927年　16岁　升入高中二年级。北伐成功，女子剪去长发，杨绛也剪去长发。同年12月，三姐订婚。

1928年　17岁　岁尾或早春，地震，震塌后园芍药花栏台。4月春，三姐结婚，杨绛做伴娘。7月，高中毕业，考取南京金陵女大及苏州东吴大学。本想考清华大学，无奈清华大学在上海并没有招收女生，只好作罢。于秋季，去东吴大学上大一级。

1931年　20岁　在东吴上学，于秋季升入大学四年级。学期将终，大考前，学生罢考闹风潮。

1932年　21岁　东吴大学因风潮停课。开学在即，杨绛与同班徐、沈、孙三君及好友周芬结伴到燕京大学借读。于2月28日晚抵京。考试完毕，杨绛同孙君一起结伴到清华大学的古月堂前。与孙君的表兄钱锺书初见，一场旷世情缘就此初定。

随后，蒋恩钿为杨绛办好借读清华手续。

7月，杨绛在清华借读大四级第二学期卒业，领到东吴大学毕业文凭，并得金钥匙奖。回苏州担任亲戚介绍的上海工部局华德路小学教师一职。同年寒假，钱锺书特意到苏州拜访了杨绛的父亲。

1933年　22岁　考取清华研究院，与钱锺书在苏州一饭馆内由男女两家合办订婚礼。钱锺书为投考英庚款留英奖学金而到上海光华大学任英语讲师一职。

1935年　24岁　钱锺书考取英庚款留英奖学金。杨绛办好自费留学手续。7月13日，在苏州庙堂巷杨家大厅，杨绛与钱锺书举行了婚礼。8月13日，杨绛和钱锺书乘P&O公司邮轮出国。三个星期后，在英国上岸，先在伦敦小住观光，随即到牛津上学。

1936年　25岁　暑假，和钱锺书到巴黎小住。秋季，同钱锺书注册巴黎大学，后回牛津寓所继续在牛津大学读书。

1937年　26岁　5月19日，女儿钱瑗出生。同年11月17日，母亲在躲避日寇时在乡间患恶疟疾，不幸去世。

1938年　27岁　秋，一家三口乘法国邮轮"阿多士 Ⅱ"号回国。钱锺书在香港上岸赴昆明，杨绛与女儿到上海上岸暂住拉斐德路钱家。后依父亲住霞飞路来德坊。应李姓富商之请，为其女补习高中全部功课。

1939年　28岁　任刚刚正式成立的苏州振华女校（沪校）校长兼高三英语老师。仍兼任李家补习老师。

1941年 30岁 夏，钱锺书回上海，杨绛和女儿搬回拉斐德路钱家。7月，李家小姐高中毕业，杨绛不再当家庭教师。振华女校因珍珠港事件后停办，杨绛就此不再担任该校校长一职。

1942年 31岁 任工部局半日小学代课教员，业余写剧本。

1943年 32岁 5月，剧本《称心如意》上演，开始启用笔名“杨绛”。秋，日本人接管小学，杨绛辞职。

1944年 33岁 剧本《弄真成假》上演，《称心如意》出版。

1945年 34岁 1月，《弄真成假》出版。3月27日，父亲在苏州寓所因脑出血去世。4月，剧本《游戏人间》上演。4月底5月初，被叫到日本宪兵司令部受讯，所幸无事。

1946年 35岁 秋季，到震旦女子文理学院任外文系教授。

1947年 36岁 作品《风絮》出版。钱锺书《围城》出版。钱瑗患指骨节结核，休养十个月后病愈。

1948年 37岁 9月，翻译的《1939年以来英国散文作品》出版，约翰·黑瓦德著，《英国文化丛书》12种之一，朱经农作总序，商务印书馆出版。

1949年　38岁　解放战争胜利。杨绛夫妇得清华大学聘书，杨绛为兼任教授，教大三级英国小说。

1950年　39岁　4月，从英译本转译的西班牙名著《小癞子》（*Lazarillo de Tormes*）出版。

1951年　40岁　“三反”（反贪污、反浪费、反官僚主义）运动开始。年底转为针对知识分子思想改造的重要运动，又名“脱裤子、割尾巴”或“洗澡”。钱锺书请假回清华“洗澡”。女儿钱瑗考入女十二中（旧称贝满）高中一年级，寄宿学校。

1952年　41岁　全国“院系调整”，杨绛夫妇调入文学研究所外文组。10月，举家迁入新北大新建宿舍中关园26号。

1954年　43岁　译毕法国作家勒萨日（Le Sage）《吉尔·布拉斯》（*Gil Blas*），在《世界文学》分期刊出。

1956年　45岁　译稿《吉尔·布拉斯》经大修大改，由人民文学出版社出版第一版。因《吉尔·布拉斯》备受好评，“外国古典文学名著丛书”编委会委派给杨绛另一项翻译任务：重译《堂吉诃德》。

1958年　47岁　“双反”运动，“拔白旗”运动开始。杨绛《论菲尔丁》文，与郑振铎的文章、钱锺书的《宋诗选注》、李健吾的文章一起被称为所内四面白旗。10月至12月底，下乡学习“社会主义好”。冬，回所，开始自习西班牙文。

1959年　48岁　5月15日，全家迁入文学研究所新宿舍。女儿钱瑗北师大毕业，留校为助教。

1960年　49岁　与钱锺书第一次任全国文代会代表。

1962年　51岁　8月14日，全家迁居干面胡同文研所宿舍。9月住北京医院，切去1961年间查出的腺瘤。

1965年　54岁　1月中旬，将《堂吉诃德》第一部翻译完毕，开始翻译第二部。

1966年　55岁　“无产阶级文化大革命”开始。8月9日，杨绛被“揪出”，在外文所所内打扫厕所。8月16日，钱锺书被“揪出”。8月27日，交出《堂吉诃德》全部翻译稿。同日，晚间在宿舍被剃“阴阳头”。

1967年　56岁　4月24日，外文所免杨绛劳动。6月8日，参加群众活动（“下楼”或“走出牛棚”），为革命群众抄写大字报，到大街人多处卖报。12月31日，女儿钱瑗和王德一注册结婚。

1969年　58岁　11月11日，钱锺书为“先遣队”下放河南罗山县的五七干校。

1970年　59岁　6月1日，得前组长张黎同志帮忙，索得《堂吉诃德》的译稿。6月13日，女婿王德一被诬为极左派自杀身亡。7月12日，杨绛被下放干校。12月1日，妹婿孙令衔在天津大学自杀去世。

1972年　61岁　女儿钱瑗与杨绛夫妇在干校同过元旦节。3月12日，杨绛和钱锺书回北京。8月，杨绛重新翻译《堂吉诃德》。

1973年　62岁　12月2日，遇强邻难于相处，全家搬走，避居钱瑗北师大宿舍。12月23日，迁入北师大小红楼。

1974年　63岁　1月8日，钱锺书哮喘大发，送北医三院抢救。5月4日，女儿钱瑗与杨伟成注册结婚。5月22日，杨绛夫妇迁入学部7号楼西尽头一办公室居住，继续翻译《堂吉诃德》。

1975年　64岁　4月5日，翻译《堂吉诃德》初稿完成。5月16日，初校毕，再校改。冬，杨绛和钱锺书煤气中毒，幸好及时起床开窗，得无恙。

1976年　65岁　11月20日，《堂吉诃德》第一部、第二部全部定稿。

1977年　66岁　2月4日，全家迁居三里河南沙沟新居。5月5日，《堂吉诃德》稿交人民文学出版社出版排印。

1978年　67岁　4月底，翻译的《堂吉诃德》出版。9月，第四届全国妇女代表大会开会，为此届妇女代表。30日，出席人民大会堂国庆招待会。《小癞子》由人民文学出版社出版。

1979年　68岁　6月5日，随代表团访问法国。写完《鬼》。10月，《春泥集》由上海文艺出版社出版。

1980年　69岁　写完《事业》。12月，写完《干校六记》，钱锺书写小引。

1981年　70岁　年初，作品《倒影集》在香港出版。5月，《干校六记》在香港出版。《干校六记》由葛浩文（H.Goldblat）译为英文，澳大利亚人白杰明（J.Barme）亦译为另一英文本，日本汉学家中岛碧译为日文。钱锺书的《围城》畅销。

1982年　71岁　《干校六记》葛浩文英译本出版。婉谢西班牙大使设宴正式邀请的访问西班牙之事宜。

1983年　72岁　《喜剧二种》由福建人民出版社出版。《干校六记》白杰明英译本出版。11月间，随代表团访问西班牙。

1984年　73岁　《干校六记》有法译本两种，先后在巴黎出版。12月，重新审校已出版三次的《堂吉诃德》。试图写《洗澡》。散文集《将饮茶》抄清，请钱锺书审阅。

1985年　74岁　12月23日，《堂吉诃德》校改毕，亲送人民文学出版社。4月，校完由原文翻译的《小癞子》。《干校六记》中岛碧日文译本在东京出版。7月，结婚五十周年。

1986年　75岁　4月5日，动笔写《洗澡》。10月6日，西班牙国王颁给杨绛"智慧国王阿方索十世十字勋章"。10月30日，英国女王来访，杨绛和钱锺书一同赴国宴。11月，《关于小说》由三联书店出版。由原文翻译的《小癞子》出版。

1987年　76岁　《将饮茶》由三联书店出版。《堂吉诃德》校订本出版。《干校六记》由索罗金（V.Sorokin）翻译俄文译本。4月，退休。9月，写完《洗澡》。

1988年　77岁　11月，香港出版《洗澡》。12月，北京出版《洗澡》。白杰明译杨绛散文，书名为《陆沉》。

1989年　78岁　《堂吉诃德》繁体版在台湾出版。

1990年　79岁　《将饮茶》在台湾出版。《洗澡》由郁白（H. Chapuis）译为法文，英译本（白杰明译）出版。钱锺书《围城》电视剧放映。

1991年　80岁　10月，《将饮茶》由中国社会科学出版社重印校订本。11月1日，动笔写《软红尘里》。

1992年　81岁　2月，法译本《洗澡》及《乌云的金边》在巴黎出版。3月28日，大彻大悟，毁去《软红尘里》稿20章。7月，散文集《杂忆与杂写》交花城出版社。

1993年　82岁　钱锺书住院动大手术，杨绛陪住两个月。

1994年　83岁　1月，病中抄完《槐聚诗存》。2月，《杂忆与杂写》由三联书店出版。8月，《杨绛作品集》由中国社会科学出版社出版。12月，《杨绛散文》由浙江文艺出版社出版。年底，钱瑗腰痛发病。

1996年　85岁　1月，女儿钱瑗入住温泉胸科医院。11月3日，胸科医院报钱瑗病危。杨绛方知女儿患肺癌转脊椎癌已到晚期。

1997年　86岁　3月4日，女儿钱瑗去世。

1998年　87岁　5月，将女儿钱瑗存款6万元作为钱瑗基金，捐北师大外语系。12月19日7时38分，丈夫钱锺书去世。

1999年　88岁　翻译《斐多》。整理钱锺书笔记，集成《钱锺书手稿集》。

2000年　89岁　1月，中国青年出版社出版杨绛作品《从丙午到流亡》。4月，辽宁人民出版社出版《斐多》。11月17日，与商务印书馆签约，出版《钱锺书手稿集》。12月14日，买房交款。

2001年　90岁　为《钱锺书手稿集》写序，并题写书名。《钱锺书集》由三联书店出版。9月7日，设清华大学“好读书”奖学金。9月10日，领到房产证。

2002年　91岁　9月30日，《我们仨》初稿完毕。12月22日，冬至,《我们仨》定稿。

2003年　92岁　4月7日，《杨绛作品集》第六版出版。5月14

日，为《围城》汉英对照本写序，并题写书名“围城”。6月24日，《我们仨》由三联书店出版。7月，香港牛津大学出版社出版《我们仨》。8月25日，台湾时报社出版《我们仨》。

2007年　96岁　出版散文集《走到人生边上——自问自答》。

2011年　100岁　被查出患有心衰，但依旧乐观豁达，每天读书写作从不间断，晚上一点半睡觉。

2013年　102岁　7月17日，102岁生日。

2015年　104岁　7月17日，迎来104岁生日，身体依旧很好，仍思路清晰、精神矍铄。

2016年　105岁　5月25日凌晨，病逝于北京协和医院，享年105岁。

附二

钱锺书小传

他，是个可爱、痴气、唯妻而宠的人儿

他，是学富五车、才高八斗的“博学鸿儒”“文化昆仑”；

他，亦是舌灿莲花、隽思妙语，令人捧腹、健谈善辩的“幽默大师”；

他，更是写就《围城》，与饶宗颐并称为“南饶北钱”的现代作家、文学研究家。

除却以上光环和荣誉头衔，他还是一生只爱一个人的深情的人。

他只爱的那个人，叫杨绛。

他和杨绛先生一生相伴，共同构建了一座两人谁也不想出去的幸福围城。

他，就是有着赫赫声名的钱锺书先生。

他，之其人

宣统二年（1910年），他出生于江南无锡的一个书香世家。

祖辈，皆是举人秀才。

父亲钱基博，是著名的文史学家；叔父钱基厚，是为著名的社会活动家。

他出生那天，恰有人送来一部《常州先哲丛书》，故而，伯父钱基成为他取小名“仰先”，字“哲良”。满周岁时，他“抓周”抓到的是一本书，父亲正式为他取了学名“锺书”，取钟情于书的意思。这名字，确也跟他一生的志趣甚是相投。

按照家族惯例，他一出生就过继给了没有儿子的伯父。

可以说，伯父钱基成是为他成长中一个最大的庇护伞。

看杨绛先生写的他的童年过往可知，伯父还是他的启蒙老师。在他4岁时，伯父就教他识字了。他就像个跟屁虫一般，整天围着慈母一般的伯父转，伯父去茶馆，听说书，他也跟着。父亲很怕他被惯坏了，但因为过继的关系，不便干涉，于是只好建议及早把他送入小学。

所以，6岁的时候，他进入秦氏小学。

小学的生活，极有乐趣。

当时，别的同学都穿着新皮鞋，只他一人穿着伯父的大钉鞋，他却不觉难堪，钝钝的呆萌感十足，还找出许多乐子来。比如，他在上学的路上捉了些青蛙，放入大大的鞋子里，然后光脚到了学校。课堂上，不安分的青蛙纷纷从鞋子里蹦跳出来，全教室满处都是，同学们被惹得大笑不止。自然，老师会把他请出去罚站。可是，即便被罚站了，他也不觉难为情。

这样的他，自有一股“呆气”。或许，正是这份呆，才让他一生都不曾陷入人事浑浊，始终保有一分真的吧。

他的呆气，还不止这一点。

伯父爱买酱猪舌之类的用来下酒，会哄他说是“龙肝凤髓”，他便信以为真，吃起来甚觉回味无穷；大人哄骗他说，他是伯母抱来的南瓜变来的，他竟不疑，还怕自己哪天真的变成南瓜精。

这样的日子，静好。

谁知上学半年不到，他就生了一场病，心疼他的伯父便让他休学在家了。7岁时，他进了亲戚家的私塾附学，不久伯父还是觉得不满意，干脆自己在家教他。一同受教的还有堂弟锺韩。父亲和叔父本不认同，伯父一句“你们两兄弟都是我启蒙的，我还教不了他们？”如此，父亲和叔父也就不敢反对了。

伯父的教学，很不正规，也不系统。

只有下午上课。每天早上，伯父的时间是用来去茶馆喝茶、料理杂务，抑或跟熟人聊天约会的。锺书受宠，每每也跟着去。伯父常会给一个铜板让他买个大酥饼吃，然后再到小书铺子里或者小书摊上租一本小说给他看。这是因为，家里的藏书都是什么《西游记》《三国演义》以及“四书五经”之类的正经书，像《说唐》《济公传》这类不能登大雅之堂的闲书只能租来看，绝不会在家里收藏的。

就这样，锺书虽不日日上课，却也在看书中获得无数知识。

孩童贪玩，谈不上什么自律。他最爱去伯母的娘家，因为那里是一个大庄园，可以无忧无虑地玩。可是，伯母娘家人家大业大的，染上了不少恶习，什么抽大烟呀，半夜吃夜餐呀，总之恶习多多。耳熏目染，他自然也染上了不少坏毛病，父亲见状自是痛心不已，对他常有一番训斥，碍于伯父却也不能把他怎样。

9岁时，再入小学之际，伯父去世。他，便回到了父母身边。

由此，他的学业便由父亲接管。与伯父不同，父亲的管束很是严格，时任清华大学教授的他，对锺书当时的成绩很是不满意，尤其是作文，于是布置给他很多阅读作业。

或许心性使然，或许因为被激励，他开始刻苦学习，并开始系统地读书。

他读《古文辞类纂》《骈体文钞》，也读《十八家诗钞》等选本，日积月累文字功底渐增，父亲也渐渐以他为傲。

时日渐长，他可以代父亲写信、写诗了。

在钱穆出版《国学概论》时，父亲更是让他代笔写序。写成之后，父亲竟然一个字都不做更改，可见其当时的文采斐然。

不过呀，他虽文学成绩了得，但是数学成绩真是差得一塌糊涂。

他考清华大学的时候，国文和英语都是名列前茅，而数学才考了15分，偏科偏得真不是一般的厉害。以这样的成绩，肯定是不能被录取的，何况当时清华大学的录取规定里就不允许考生有不及格的科目。

幸而，适逢慧眼识珠的罗家伦任校长，他认为钱锺书绝对是个可造之才，故而将他破格录取，由此成就了一段清华佳话。

如此的他，在清华可谓传奇人物。

他，上课不爱听讲，不是看闲书就是画画，闲了还会消遣别的同学。据说有一位同学暗恋班花，常在课堂上给班花暗送秋波，于是，他便将这一幕幕画了下来，并取名曰《许眼变化图》。

若换成别人，这样"玩乐"定会成绩一塌糊涂的，可他是钱锺书，因为聪慧他的成绩仍是第一。

其实，他并非不学无术，而是将读书视为志向及乐趣。

在清华的四年里，不上课的时光，他都将自己交付于图书馆了。当时，他的志向就是"横扫清华图书馆"。对他而言，读书是永远都读不完的。他读书并不读死书，而是精于笔记，每本书都要用中、英、意大利文做一遍笔记，这让他读过即有无限收获。

这样的他，得到了吴宓教授的看重。

据说，每次吴宓上完课，都会刻意在教室逗留片刻，只为跟他多聊一会儿，比如会问："你觉得我这节课讲得怎么样？"

作为才子，自有傲气。他会傲慢，不屑一顾地回答吴宓："不怎么样。"或许是太过珍惜这个才子学生，对此，吴宓从来都不气，总是一笑了之。

也是，他之傲，傲得有资本。他学贯中西，才华盖世，自是有自己的傲娇，这傲娇却并非瞧人不起的傲，而是一种学术文人的傲气。诚如吴宓说的那般："Mr.Qian（钱锺书）的狂，并非孔雀亮屏般的个体炫耀，只是文人骨子里的一种高尚的傲慢……"

仿佛是暗合，父亲在给他改名"锺书"的同时，也将他的字"哲良"改为"默存"，希望他可以做到"默而成之，不言而信，存乎德行"。

后来的后来，他曾如是说过自己的狂："人谓我狂，不识我之实狷。"

狷者，狷介之士也，意为性情正直，不肯同流合污。

这实则是种自洁的精神，而他一生确也坚守实践了这自洁。诚如网络上流传的那句：他是一个孤本，最大的价值是"后继无人"。

也是，他之后，如此学识了得又真性情的，再无一人。

乍见之欢，久处不厌——他们之间最好的爱情

1932年，清新明丽的早春的一天，于他而言是一生中最潋滟旖旎的日子。

那天，他遇到了一生最深爱的女子。

即，杨绛。

是在清华大学古月堂的门口。他一袭青布大褂，蹬一双毛底布鞋，戴一副老式大眼镜，恰逢让他心灵悸动的女子——杨绛。

大家闺秀出身的她在东吴大学就以“洋囡囡”的绰号闻名全校，据说当时追求她的人有孔门弟子“七十二人”之众。然，谁都未能得她芳心。

或许，冥冥之中姻缘早有注定。

他俩，甫一见面即彼此钟情，恰如“金风玉露一相逢”，胜却世间无数似水柔情。

初见，“一袭青布大褂，蹬一双毛底布鞋，戴一副老式大眼镜”的他，在杨绛眼中是眉宇之间透着“蔚然而深秀”的迷人魅力的；“缬眼容光忆见初，蔷薇新瓣浸醍醐。不知靧洗儿时面，曾取红花和雪无”的杨绛，则是他眼中的惊艳悸动。

后来的后来，他就用一支妙笔温情脉脉地为她写下这一首叫《偶

见》的情诗。

如此蜜语甜言，他这一生只对她一人言说过。

他，写信给杨绛，约在工字厅相会。

从来，他没有如此迫切地想见一个人。一见面，他便急急澄清："外面传说我已经订婚，这不是事实，请你不要相信。"

未承想，他一颗初初为爱忐忑的心，得到的却是爱意满满的回应。

只见杨绛幽幽地说道："我没有男朋友。坊间传闻追求我的男孩子有孔门弟子'七十二人'之多，也有人说费孝通是我的男朋友，这也不是事实。"

世间最美好的相遇，就似他们这般吧。时间的荒野里，没有早一步也没有晚一步，一切都是对的，对的人，对的时间。

如是，他们迅速坠入爱河。

于是，二人开始了密集的鸿雁往来，一天一封，犹觉甚少。

一向傲娇的才子，在爱情面前也有了小小的患得患失。他会写绵密如糖的情书寄给她，会写蜜意融融的情话，连落款都故意写为"臣心仰爱"，什么"奏章"，什么"禀明圣上"。但是，杨绛却很少回信。由此，他生了怨，会写"别后经时无只字，居然惜墨抵兼金"的埋怨之句。

有此埋怨，皆因为爱意深啊。

杨绛，也并非不深爱之。曾经，他放假回家，她亦感受到相思成灾的苦闷。她曾回忆说：“冷静下来，觉得不好，这是fall in love了。”

1933年的某一天，杨绛给他寄了信。信到时恰巧被父亲钱基博看到，父亲私下打开看阅，竟惊着了，对杨绛大加赞赏，直赞：“此诚聪明人语。”原来，杨绛在信中写道：“现在吾两人快乐无用，须两家父亲兄弟皆大欢喜，吾两人之快乐乃彻始彻终不受障碍。”

能作如此语的女子，自然是入得了父亲的法眼的。

很快，他们结婚了，在苏州一年中最热的一天结婚了。

因为这年他以第一名的成绩已考取牛津英文系留学生，而这一天则是长辈们所谓的“黄道吉日”。这天一场婚礼下来，他们一个个跟水洗似的非常狼狈，却是极有意义的一天。

彼时，杨绛还是清华大学研究院的学生，为了能照顾他这“大名鼎鼎的清华才子”，她决定休学，嫁给他，并陪他往英国牛津去。只因，他除了读书之外，其他生活事务都一概“白痴”，简直是生活不能自理，处处需要有人照顾。

“如此星辰如此月，与谁指点与谁看”，是他给杨绛写的情诗之一。

婚后的他们，恰日日都成良辰。

初到英国，杨绛乡愁迭起，他便洗手为她做起羹汤来。

在她还甜睡时，他便早早在厨房忙活开了。素来，他是无锡钱家的“大阿官”，笨手笨脚的他竟也令人惊奇地烤好了面包，热好了牛奶，还做了醇香细腻的红茶。当他轻手轻脚地叫醒杨绛，贴心地将一张用餐的小桌子支到床上，放上他做的爱心早餐时，杨绛被惊着了。她温柔地对他说，这是她吃过最香的早餐。而他，在那刻竟决定这一辈子都为她做早餐。

从那以后，他们家的早餐便一直由他负责，一直到老。

杨绛怀孕了，他谆谆叮嘱：“我不要儿子，我要女儿——只要一个，像你的。”世间最美的情话，我想就是他这句吧。

只是，他生活自理能力真的很差。

杨绛生女儿阿瑗时，住院。他每次去医院都会报备自己做的“错事”，比如：“我今天又把房东的桌布染了”“今天又把台灯砸了”“今天又把桌子撞坏了”，如是等等，杨绛则轻巧地回答他：“不要紧”“有我在”“我会修”……

如此的两人，他负责犯傻，她负责包容。

真好！

世间光影里，他们也是平凡夫妻，也有过争执。

据说，他们曾为了一个字的读音争执起来，最后还请了专家来评判，他输了，她赢了，然而二人均觉无趣，输赢都让对方不开心了一阵子。自此，两人便约定不再吵如此无聊的架了。

他创作《围城》的时候，正值上海沦陷。

完稿后，他在序中如是写道："这本书整整写了两年。两年里忧世伤生，屡想中止。由于杨绛女士不断地督促，替我挡了许多事，省出时间来，得以锱铢积累地写完。照例这本书该献给她。"

是的，那时社会动荡不安，因为要授课，因为还在修订《谈艺录》，抽空还在写一个短篇，根本无法抽出更多的时间来创作《围城》这部长篇。

然而，杨绛却对他说，不要紧，有她呢。她让他减少授课时间，说："我们的生活很省俭，还可以更省俭。"恰在这时，他们家的女佣因家乡生活好转而回家了，于是，杨绛顺便把女佣的工作也给兼了。关于这段日子，杨绛女士曾在文章中描述过："劈柴生火烧饭洗衣等等我是外行，经常给煤烟染成花脸，或熏得满眼是泪，或给滚油烫出泡来，或切破手指。可是我急切要看锺书写《围城》（他已把题目和主要内容和我讲过），做灶下婢也心甘情愿。"

正是因为杨绛的全情付出，钱锺书才得以集中精力来创作，从1944年到1946年用时两年，写成《围城》这部醒世之作。

最令人心生旖旎的，是他们两人对坐读书、一同背诗的时刻。每到这时，他们会备好茶，如同千年前的李清照和赵明诚一般烹茶读诗。

如此的两人，可谓琴瑟和鸣，举案齐眉。

即便在特殊的年代，二人饱受磨难，却也从不怨天尤人，他们不理外事，只写书译文，无论被误解还是遭冷眼，他们都宠辱不惊、内心宁静。

曾经，杨绛读到英国传记作家概括的最理想的婚姻——“我见到她之前，从未想到要结婚；我娶了她几十年，从未后悔娶她，也未想过要娶别的女人”，便念给他听。

他当即回答：“我和他一样。”

诚然，在他心里，她是“最贤的妻，最才的女”，世间再无一人可以与她比拟。

一团痴气，他是个顶可爱的人儿

对外界而言，他是言辞犀利的，亦是口无遮拦的，因而，他有着“民国第一毒舌”的名头。

也是，他的“毒舌”之句俯拾即是：

比如，他写：“对于丑人，细看是一种残忍……”

他亦写道：“看文学书而不懂鉴赏，恰等于帝皇时代，看守后宫，成日价在女人堆里厮混的偏偏是个太监，虽有机会，却无能力！”

…………

对于女神林徽因，他曾语出：对于她最爱办文化沙龙，“我”不去就是；她最喜欢被男人簇拥，“我”也没追求她；她最喜欢当女主角，“我”爱看不看。

对于张爱玲的作品，他的态度也很是“不以为然”。

对于沈从文，他更曾在小说中讥讽他“非正途出身”。

对于鲁迅，他还算口下留情，评他短篇小说写得非常好，不过，末了补充道，他只适宜写短的，《阿Q正传》写得太长了，应加以修剪才好。

在他的著作里，更是“贬”了一众大师：什么王国维——一向不喜欢此人著作，其诗词‘笔弱词靡”；什么林语堂——“自从幽默文学提倡以来，卖笑变成了文人的职业。……所以，幽默提倡以后，并不产生幽默家，只添了无数弄笔墨的小花脸。”

如是等等，无论对谁，在他口中笔端，都丝毫不留情面。

“毒舌”的他，对自己也不曾口下留情。《围城》大热的时候，舆论是褒贬不一的，他自己则补一刀说：其实我也觉得不怎么样。

其实呢，如此的他并不是狂，而是真性情的不趋时流，以及在学问上的一种坚守。

而他最可爱处，是他的痴，那一团可爱的、真性情的痴。

这种痴，主要集中在对妻子女儿的一片痴爱。

在杨绛面前，他是最深情的丈夫，是有着“誉妻癖”的人儿。他曾不止一次在公众面前夸赞杨绛，说她是“最贤的妻，最才的女”，亦说她是“绝无仅有地结合了各不相容的三者：妻子、情人、朋友”的绝佳的人儿。

他，那么傲然于文，却真诚无比地夸赞杨绛的散文比自己的好。要知道，多少大师在他眼底有诸多不好。

他，亦是痴的执拗的孩童一般。

比如，和杨绛一起在牛津的时候，他会趁着杨绛打盹，给她画个大花脸。只是没想到杨绛的脸皮比宣纸还吃墨，为了洗净墨汁，杨绛的脸都快洗破皮了，之后他再不敢搞这样的恶作剧了。不过呢，为了过瘾，他专门给杨绛画了幅画像，在上面又是添眼镜又是画胡子的，甚是过足了瘾。

在女儿面前，他更是玩兴大发。

他会趁着阿瑗睡着了，用毛笔在她的脸上画胡子，在她的肚子上画鬼脸；还在她的被窝里埋各种“地雷”——什么镜子、刷子、毛笔、砚台都往里面丢；这还不够，他还编顺口溜戏弄阿瑗。

不过，他爱女儿至深。

曾经，他很认真地对杨绛说：“假如我们再生一个孩子，说不定比阿圆好，我们就要喜欢那个孩子了，那我们怎么对得起阿圆呢。”在那个提倡多子多孙的年代，未曾听说父母为了用情专一而只生一个的，他却这么提出来了。后来，他们也只阿瑗这么一个孩子。

关于他孩童一般的痴气，他的家人也最能见得。

北风呼啸的大冬天里，他会从被窝里爬出来，只为了拿着竹竿帮自家的猫和林徽因家的猫打架。

他会故意教女儿不同国家的外语单词，却多是些“粗话”，等客人来，让她去“卖弄”。

女儿阿瑗小时就常说：“我和爸爸最‘哥们’，我们是妈妈的两个顽童，爸爸还不配做我的哥哥，只配做弟弟。”杨绛也总笑他们是“老鼠哥哥同年伴”。

如此的先生，孩童一般的心思实是可爱。

其实，这痴得可爱的人儿，绝不是不知人情世故的，他只是淡泊名利，在自己的准则里过自己最舒服的平常日子罢了。

所以，多年里，他从不参加任何“学会”，也不肯成为任何组织的代言人。他，只安安心心地低调地做自己喜欢的学问。

到了晚年，他和杨绛先生深居简出，不愿拜访人，也不愿被拜访，他曾引杜于皇的话道：“即使司马迁、韩愈住隔壁，也恕不奉访！”

如此，他成了这世间独一无二的存在——

他，博览群书，古今中外，无所不精；

他，灵心慧眼，热爱人生，超然物外；

他，洞达世情，不染一尘，是这世间痴气一团最可爱的人儿！

幸而有她，始终陪在近旁

“一辈子很长，要跟一个有趣的人在一起。”这是那个写过至美情话的王小波说的。

诚然，一生若能与一个有趣又懂自己的人相伴，是世间至幸。

钱锺书之幸运，就是这一生逢着一个杨绛。

尽管他曾在《围城》里写道：

“围在城里的人想逃出来，城外的人想冲进去。对婚姻也罢，职业也罢；人生的愿望大都如此。”

但是，他和杨绛充满妙趣的婚姻生活，让两人的婚姻摆脱了世俗之围城。

杨绛之于他，是无可替代。他也曾说过：“我见到她之前，从未想到结婚；我娶了她几十年，从未后悔娶她。”

他活到88岁，幸有杨绛一直陪在近旁。

她，如此懂他，又与他挚爱一生。她说过的：“我爱丈夫，胜过自己。”如此表白胜却世间万千甜言蜜语。

所以，我们看到：

作为一代鸿儒，他在生活中却“笨拙”到——没有方向感，分不清东西南北，常常一出门就迷路；衣服常常反穿，鞋子不分左右，而且鞋带总是系死；筷子也用不好。但，在杨绛的眼中，如此“笨拙”的他是如此可爱。

因此有人说，是杨绛保有了他的天真痴淘，让他这一生都能活在自己的舒适地带，好好地做他热爱的学问。

所以他自己深情地概括出杨绛在他生命中的角色——绝无仅有地结合了各不相容的三者：妻子、情人、朋友。

是的，在相伴的数十年岁月里，因为彼此的欣赏、包容及懂得，他们虽过最平淡的日子，却遍尝最美妙的小情趣。

比如，有一次他们做菜用了活虾。起初，杨绛假装内行地说：虾，我懂的，得剪掉须须和脚。

结果，用剪子刚剪了一下，虾在她手里一抽搐，她便吓得扔下剪子、虾，逃出了厨房。

他问杨绛怎么了，杨绛说：“虾，我一剪，痛得抽抽了，以后咱们不吃了吧！”

然而，他却像个孩子一般跟杨绛说，虾不会像她这样痛的，他还是要吃的，以后可以由他来剪。

他们就这样，做饭都做出乐趣来。

人说，融在柴米油盐的修养最令人动容。看他和杨绛先生即可深知。

晚年时，他们的住处有两张书桌，一张大的，一张小的。杨绛说，因为他名气大，就将大书桌给他用。这调侃背后，满是杨绛先生对他的懂得。

1972年早春，早起的他照常端出早餐，杨绛吃着吃着突然想起什么，惊诧地问他：“谁给你点的火呀？”

他得意地说：“我会划火柴了！”十足像个孩童。

彼时，他已62岁了，才第一次学会划火柴，对此杨绛没有丝毫嘲笑，反而跟他一起开怀大笑。若没有相知和深爱，如何能如此！

可以说，杨绛一生都在竭尽全力保全他身上的这份纯真。

其实，爱情也好，婚姻也罢，都是一面镜子，我们会为一个人变成更好的自己，也可以从更好的自己身上看到最好的爱情。

诚如他和杨绛。

他们这一生，相伴60余年，从学生年代一直携手终老，将爱情最好的样子演绎给我们世人。

真好！

在他生重病的时候，最懂他、爱他的杨绛说：“锺书病中，我只求比他多活一年。照顾人，男不如女。我尽力保养自己，争求‘夫在先，妻在后’，错了次序就糟糕了。”

这个胆小、怕黑、怕鬼，到了中年连女儿阿瑗都要将她保护的女子，因为爱他，变得强大坚忍起来。

离世前，他一夜未合眼，听到的最后一句话，是杨绛附在耳边说的："你放心，有我哪！"

有生岁月里，因为有杨绛在，他得以将自己的名字镌刻在书脊上，做自己喜欢的学问，创作自己喜欢的作品，将自己静静安放，自由自在、澄澈明亮地度过这一生。

是的，有生岁月里，只要有杨绛在，他的世界便明媚如艳阳天。

尾语

1998年末，他，与世长辞。

"世间好物不坚牢，彩云易散琉璃脆。"这是他最爱的人杨绛，在他离去时引用的诗句。读来，令人动容泪阑珊。

这世间仅有的纯净的人儿，就这样飘散于风中，留下世人唏嘘不已。

回望他的一生，一如《诗经·邶风》中"谑浪笑敖，中心是悼"，一生历经无数变革，却永是笑对窘境，淡然自若。这学贯中西的大儒，一生保有他可贵的孩子气，虽有时孤高而不甚近人情，那恰恰是古代读书人的气节——和而不同，谑浪笑敖。

他，一生妙句无数。

比如：“人生据说是一部大书。”

亦如：“人生的刺，就在这里，留恋着不肯快走的，偏是你所不留恋的东西。”

再比如：“一个人，到了20岁还不狂，这个人是没出息的；到了30岁还狂，也是没出息的。”

每一句，都写得戳心戳肺，读之如醍醐灌顶。

曾经有外国记者如是说：“来到中国，有两个愿望：一是看看万里长城，二是见见钱锺书。”

如此可见他的影响力以及风靡程度，亦可见他的人格魅力。

他，是才子，妥妥的才子，是古往今来绝无第二个的“民国第一才子”！

有人说：他，恃才傲物；他，狂妄自负；他，狂放不羁。

其实，那是他真诚得可怕。王尔德说过：“不真诚是危险的，太真诚是致命的。”他这一生，端的是以一颗孩童纯净的心，来看这个世界，来对待这个世界的人和事及物。故而，他话语里有了尖锐，有了锋芒，其实这不是才华的自恃，而是实话实说，没有掩饰，没有修饰，如同初学话的婴儿，所言说的都是心想的。

所以，我们看到他的最可贵之处：他，才华横溢；他，淡泊名利；他，倾其一生在做的，是挚爱的文化。故而，他写就了《围城》《谈艺录》《管锥编》等巨著。

这样的人儿，是可爱的，让人爱不够的。

图书在版编目（CIP）数据

且以优雅过一生：杨绛传 / 桑妮著. -- 长沙：湖南文艺出版社，2020.11（2022.7重印）
ISBN 978-7-5404-9718-7

Ⅰ. ①且… Ⅱ. ①桑… Ⅲ. ①杨绛（1911-2016）—传记 Ⅳ. ①K825.6

中国版本图书馆CIP数据核字（2020）第113037号

上架建议：文学/人物传记

QIE YI YOUYA GUO YISHENG: YANG JIANG ZHUAN
且以优雅过一生：杨绛传

作　　者：桑　妮
出 版 人：曾赛丰
责任编辑：丁丽丹
监　　制：于向勇
策划编辑：楚　静
营销编辑：王　凤
封面设计：利　锐
版式设计：梁秋晨
内文排版：麦莫瑞
封面主图：兀　游
内文插图：视觉中国
出　　版：湖南文艺出版社
（长沙市雨花区东二环一段508号　邮编：410014）
网　　址：www.hnwy.net
印　　刷：长沙鸿发印务实业有限公司
经　　销：新华书店
开　　本：875mm × 1230mm　1/32
字　　数：200千字
印　　张：8.5
版　　次：2020年11月第1版
印　　次：2022年7月第4次印刷
书　　号：ISBN 978-7-5404-9718-7
定　　价：48.00元

若有质量问题，请致电质量监督电话：010-59096394
团购电话：010-59320018